Schriften zur Business Analytics und zum Informationsmanagement

Reihe herausgegeben von

Carsten Felden, FG Wirtschaftsinformatik, TU Bergakademie Freiberg, Freiberg, Deutschland

Die Reihe beschäftigt sich mit dem Themenkomplex der Business Analytics aus der Sicht der Wirtschaftsinformatik. Im Spannungsfeld der Mensch-Aufgabe-Technik-Systeme werden einerseits fachliche Fragestellungen adressiert, die im Kontext der Business Analytics managementorientierter oder innovativer Lösungsansätze bedürfen. Andererseits werden methodische Ansätze beleuchtet, um gewonnene Ergebnisse zu neuen Lösungs- und Denkansätzen aufzuzeigen. Hervorstechendes Merkmal dieser Reihe ist es, dass fachliche Dimensionen mit algorithmischen und analytischen Dimensionen verknüpft werden, um den Charakter der Business Analytics angemessen aufzeigen zu können. Daher integriert diese Reihe auch unterschiedliche Wissensgebiete, um zum wissenschaftlichen Diskurs beitragen zu können.

Sebastian Trinks

Der Einfluss von Computer Vision Systemen auf Unternehmen

Eine wertbeitragsorientierte Betrachtung

Springer Gabler

Sebastian Trinks
TU Bergakademie Freiberg
Freiberg, Deutschland

Von der Fakultät für Wirtschaftswissenschaften der Technischen Universität Bergakademie Freiberg genehmigte DISSERTATION zur Erlangung des akademischen Grades Dr. rer. pol. Vorgelegt von Sebastian Trinks, geboren am 16.12.1987 in Freiberg.

ISSN 2946-0662 ISSN 2946-0670 (electronic)
Schriften zur Business Analytics und zum Informationsmanagement
ISBN 978-3-658-49914-3 ISBN 978-3-658-49915-0 (eBook)
https://doi.org/10.1007/978-3-658-49915-0

Die Deutsche Nationalbibliothek verzeichnet diese Publikation in der Deutschen Nationalbibliografie; detaillierte bibliografische Daten sind im Internet über https://portal.dnb.de abrufbar.

Planung/Lektorat: Karina Kowatsch
Springer Gabler ist ein Imprint der eingetragenen Gesellschaft Springer Fachmedien Wiesbaden GmbH und ist ein Teil von Springer Nature.
Die Anschrift der Gesellschaft ist: Abraham-Lincoln-Str. 46, 65189 Wiesbaden, Germany

Inhaltsverzeichnis

Abkürzungsverzeichnis

CC	Cloud Computing
CNN	Convolutional Neural Networks
CVS	Computer Vision System
DT	Decision Tree (Entscheidungsbaum)
EC	Edge Computing
KNN	K Nearest Neighbors
NB	Naive Bayes
NN	Neural Network
RF	Random Forest
RTA	Real Time Analytics
SVM	Support Vector Machine

Abbildungsverzeichnis

Tabellenverzeichnis

Einleitung 1

"Competitive advantage grows fundamentally out of value a firm is able to create for its buyers that exceeds the firm's cost of creating it." (Potter 1985)

Das Erreichen eines Wettbewerbsvorteils gegenüber den Mitbewerbern ist heute – im Zeitalter der digitalen Transformation – ebenso relevant wie im Jahr 1985, als Potter diesen Satz verfasste. Dabei steht genau wie 1985 der Wert, den ein Unternehmen für dessen Kunden generiert, im Mittelpunkt. Die Möglichkeiten, durch diesen einen Wettbewerbsvorteil zu erzielen, sind heute durch die hinzugekommen digitalen- und technischen Möglichkeiten um ein Vielfaches gestiegen. Wissenschaftlich diskutierte Technologien und Konzepte, wie Big Data, das Internet der Dinge oder die Künstliche Intelligenz halten Einzug in die Unternehmenspraxis und kreieren Potenziale zur Wertsteigerung. So wird es möglich, die Performance des Unternehmens zu erhöhen, wenn beschriebene Technologien und Konzepte nutzenstiftend eingesetzt werden. So können beispielsweise Prozesse, Produkte oder Kundenbeziehungen Unterstützung und dadurch Verbesserung erfahren (Schallmo 2016, 5). Im industriellen Sektor wird die nächste Generation der Fertigung durch den Term Industrie 4.0 umrissen. Dabei zielt die Digitalisierung der Fabriken und Produktionsanlagen auf die Erhöhung des Automatisierungsgrades von Prozessen ab (Dao, et al. 2017). Die Grundlage für diese umfassende Transformation bilden, neben der ständigen Vernetzung aller Geräte und Maschinen, eine Vielzahl an Sensoren. Durch diese wird es möglich, kontinuierlich Daten zu erheben und zu sammeln (Peres, et al. 2017, Dais 2017). Zudem bieten digitale Technologien und Konzepte vielfältige Geschäftsmöglichkeiten zur Schaffung neuer Werte. Dies führt zu einem grundlegenden technologiebedingten Wandel von Strukturen, Strategien und somit der gesamten Organisation (Hafezieh und Eshraghian 2022). Bereits die steigende Menge und Vielfalt an Daten

S. Trinks, *Der Einfluss von Computer Vision Systemen auf Unternehmen*, Schriften zur Business Analytics und zum Informationsmanagement,
https://doi.org/10.1007/978-3-658-49915-0_1

läuteten einen Wandel ein. Die zur zielführenden Verarbeitung der Daten notwendig gewordenen Datenmanagementkonzepte und IT-Infrastrukturen wurden in der Wissenschaft unter dem Term Big Data diskutiert (Pospiech und Felden 2012). Angestoßen durch diese wissenschaftliche Diskussion hat Dittmar (2016) eine Vier Quadranten Matrix entwickelt (siehe Abbildung 1.1). Diese veranschaulicht die Beziehung zwischen dem Konzept von Big Data und neuen sowie bestehenden Geschäftsmodellen. Durch die Ausweitung der Diskussion von Big Data auf Daten produzierende Konzepte ist eine Neubetrachtung der Auswirkungen dieser Konzepte auf Geschäftsmodelle notwendig. Im Rahmen dieser Arbeit liegt der Fokus innerhalb der Matrix im Speziellen auf der Sammlung und analytischen Verarbeitung von Bilddaten.

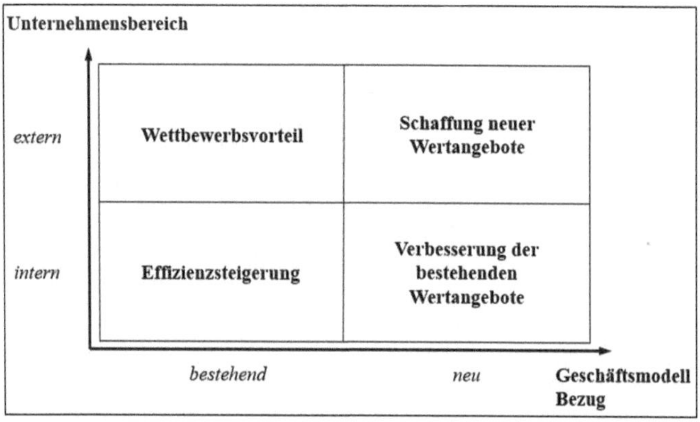

Abbildung 1.1 Vier Quadranten Matrix für CVS angelehnt an Dittmar (2016)

Die y-Achse, der in Abbildung 1.1 dargestellten Vier Quadranten Matrix, gibt an, ob das Angebot den internen- oder externen Unternehmensbereich adressiert. Die x-Achse benennt den Geschäftsmodellbezug. So kann ein bestehendes Geschäftsmodell durch ein intern im Unternehmen eingesetztes bildbasiertes Qualitätssicherungssystem die Effizienz der Produktion steigern. Auch kann ein solcher Einsatz zu einem Wettbewerbsvorteil gegenüber der Konkurrenz für bestehende Werte führen. Beispielsweise wenn sich Kosten oder Produktionszeit verringern lassen. Kann durch den Einsatz eines solchen Systems der Wert des Produktes für den Kunden gesteigert werden, so können verbesserte- oder komplett neue Wertangebote entstehen. Die Zusammenhänge und Einflussfaktoren sind jedoch bisher nicht in ausreichendem Maße wissenschaftlich beleuchtet.

Daher stellt die automatisierte Erfassung sowie algorithmische Verarbeitung von Bilddaten in diesem Spannungsfeld den Schwerpunkt dieser wissenschaftlichen Arbeit dar. Diese Ausprägung des umfassenderen Themenbereichs der Digitalisierung ist von Bedeutung für Wissenschaft und Praxis und bedarf daher einer explizierten Betrachtung. Hier zeigt sich das Potenzial, in einem Geschäftsszenario eine angemessene automatische Reaktion zu erzeugen. Die Reaktion kann einer menschlichen Reaktion ebenwürdig oder sogar wertvoller sein. Beispielsweise kann durch ein Computer Vision Systemen (CVS) die Reaktion potenziell schneller, präzisierter oder effizienter ausgeführt werden. Somit ist es möglich, das gesamte Wertversprechen (engl. Value Proposition) für den Kunden und damit letztlich das Geschäftsmodell von Unternehmen zu beeinflussen und im Idealfall zu verbessern. Die Unternehmen stehen hierbei vor der Aufgabe zu verstehen, wie durch den Einsatz von CVS ihr Geschäftsmodell positiv beeinflusst werden kann. Nur durch ein ausreichendes Verständnis lassen sich notwendige Investitionen nutzenstiftend und zielorientiert einsetzen. Es gilt daher die Einflussfaktoren auf deren Relevanz zu untersuchen. Außerdem bedarf es einer Betrachtung, wie ein solches System nutzenstiftend und ökonomisch sinnvoll eingeführt werden kann. Es gilt daher die Kausalitäten und Korrelationen zwischen den Faktoren und Variablen zu identifizieren, um Zusammenhänge zu verstehen. Diese Dissertationsschrift folgt daher dem Ziel, die Wissenslücke für eine nutzenstiftenden und wertsteigernde Einführung von CVS zu befüllen. Der Prozess des Sehens, Erkennen und zielgerichteten Entscheiden (Jähne, et al. 2013, 7) war in Unternehmen in der Vergangenheit nur durch Mitarbeiter umsetz- oder unterstützbar. Mithilfe neuer Technologien und Konzepte lässt sich dieser Prozess automatisieren und im Idealfall optimieren. Der Fokus der wissenschaftlichen Betrachtung liegt in der automatisierten Erfassung und algorithmischen Verarbeitung von Bilddaten sowie deren Bezug zum zugrundeliegenden Geschäftsmodells. Diese Arbeit grenzt sich daher von anderen Datenquellen und deren algorithmischer Verarbeitung im beschriebenen Spannungsfeld ab.

In dem beschriebenen Bereich umfasst Computer Vision verschiedene Methoden und Techniken zur Erfassung, Verarbeitung, Analyse und Interpretation von Bilddaten. Konzeptionell zielt Computer Vision darauf ab, ein ganzheitliches Verständnis von Objekten, Merkmalen oder Aktivitäten zu erzeugen (Lopez-Fuentes, et al. 2018). Wie der Abbildung 1.2 zu entnehmen ist, besteht ein typisches CVS aus der Bildaufnahme, der Verarbeitung sowie der Analyse (Priese 2015). In Abhängigkeit vom Anwendungsfall, muss ein Zusammenspiel verschiedener Technologien Einsatz finden, um eine nutzenstiftende Computer Vision Anwendung ausführen zu können. Neben der Bildaufnahme mittels bildgebender Sensoren muss auch der Transfer der Bilddaten mit einer möglichst geringen

Latenz sichergestellt werden, um die Bilder mittels analytischer Methoden (in Echtzeit) auswerten zu können. Außer diesen technologischen Faktoren spielen variablen Einflussfaktoren, welche CVS beeinflussen, eine untersuchungswürdige Rolle. Es besteht Klärungsbedarf, welche Variablen im Spannungsfeld von CVS Auswirkungen auf den entwickelten Wert des Unternehmens sowie dessen Geschäftsmodell haben.

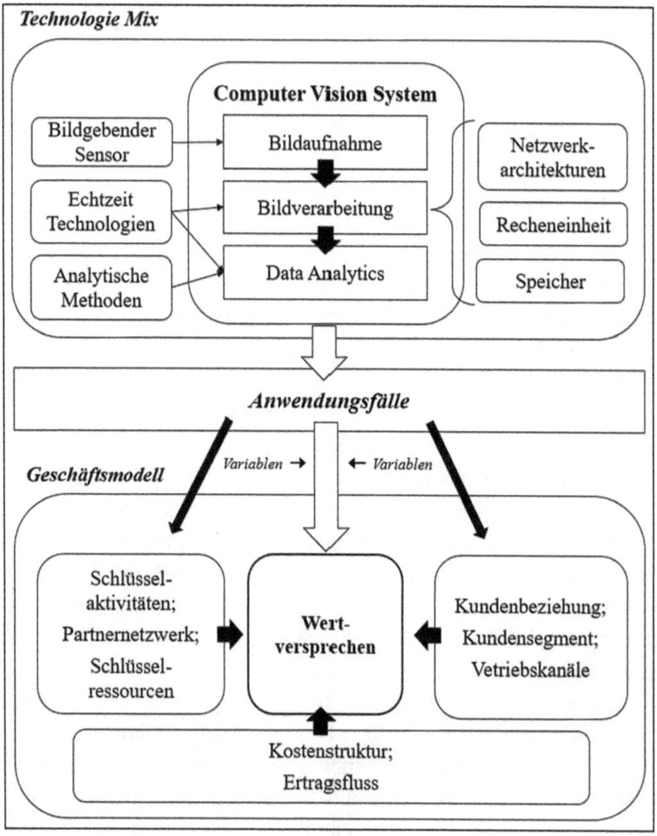

Abbildung 1.2 Forschungsbereich – Potenziale von CVS für Unternehmen

Das Wertversprechen wird im Rahmen dieser Dissertationsschrift auch als Wertbeitrag oder Value Proposition benannt. Es ist im untersuchten Spannungsfeld wesentlich, weil es den resultierenden Wert für den Kunden beschreibt und gleichzeitig einen zentralen Bestandteil eines Geschäftsmodells darstellt (Osterwalder und Pigneur 2010). Die Abbildung 1.3 zeigt diesen Zusammenhang sowie die weiteren Bestandteile eines Geschäftsmodells nach Osterwalder und Pigneur (2010). Eine vermutete große Auswirkung auf das entwickelte Wertversprechen hat daher eine starke Auswirkung auf das Geschäftsmodell. Das Potenzial von CVS und die daraus resultierenden möglichen Auswirkungen bedürfen daher einer genaueren Untersuchung, die in dieser Form in der aktuellen wissenschaftlichen Diskussion nicht vorhanden ist.

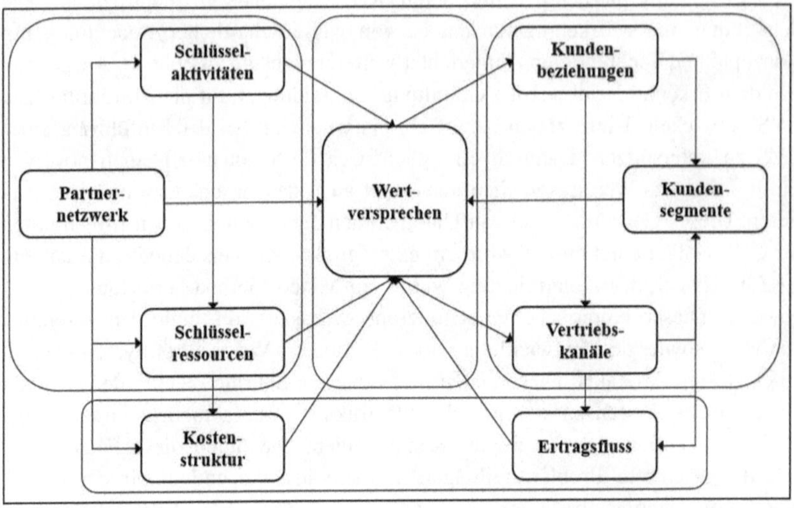

Abbildung 1.3 Geschäftsmodellbestandteile nach Osterwalder et al. (2011)

Die Bearbeitung des beschriebenen Desiderats ist für Unternehmen entscheidend, um fundierte Entscheidungen darüber zu treffen, ob und in welcher Weise die Integration eines CVS in ihrem Geschäftsszenario vorteilhaft sein könnte. Die erforderliche Speicherung, Verarbeitung und Übertragung großer Datenmengen erforderten leistungsfähige und meist preisintensive Hardware und Infrastruktur und somit Investitionen (Feng, et al. 2019, Yoo 2015). Dem gegenüber steht der potenzielle Mehrwert in Hinblick auf den durch das Unternehmen erzeugten Wert, der durch den Einsatz von CVS erhöht oder sogar vollständig generiert werden kann. Al-Debei und Avison (2010) publizierten in diesem Spannungsfeld die vier Dimensionen von Geschäftsmodellen. Diese sind neben der Value Proposition, Value Architecture, Value Finance und Value Network. Auch für Teece (2010) stellt die Value Proposition ein zentrales Element des Geschäftsmodells dar. In diesem beschriebenen Spannungsfeld liegt das Erkenntnisziel der Dissertationsschrift. Hierbei liegt der Fokus in der Aufdeckung des Einflusses von CVS auf das Wertversprechen (Value Proposition) und somit das gesamte Geschäftsmodell von Unternehmen. Diese wissenschaftliche Arbeit zielt darauf ab, die Zusammenhänge, Beziehungen und Variablen zwischen dem Einsatz eines CVS in einem Unternehmen und deren Wertversprechen zu identifizieren. Die Schließung dieser Erkenntnislücken ist von wissenschaftlicher Bedeutung, um Konzepte und Technologien zielgerichtet weiterentwickeln zu können. Ausgehend von dem Erkenntnisziel werden Gestaltungsempfehlungen für die Einführung von CVS entwickelt. Diese zielen darauf ab, Unternehmen bei der Einführung eines CVS zu unterstützen. Dadurch ermöglichen es CVS potenziell einen positiven Einfluss auf das Wertversprechen und somit auch das Geschäftsmodell zu generieren. Dieses Gestaltungsziel soll Unternehmen dabei helfen, deren Investitionen für CVS zielgerichtet einzusetzen, um einen größtmöglichen Benefit zu erlangen.

Zum Zweck der Zielerreichung wurde ein Mixed-Methode Forschungsansatz gewählt. Dieser empirische Forschungsansatz basiert auf multiplen Literaturanalysen sowie der Entwicklung eines Computer Vision Prototyps in Form eines Design Artefakts. Diese ersten methodischen Schritte dienten dem Aufbau einer breiten Wissensbasis sowie der Identifikation der aktuellen wissenschaftlichen Diskussion aller beteiligter Komponenten. Die durch diese Forschungsschritte geschärfte Problemstellungen wurden anschließend empirisch mittels einer gemischten Methode aus einem qualitativen und quantitativen Forschungsansatz untersucht. Die qualitative Analyse wurde in Form von Experten Interviews durchgeführt und diente der Identifikation relevanter Einsatzgebiete sowie Faktoren und der Einordnung dieser in die Vier Quadranten Matrix (siehe Abbildung 1.1). Als Ergebnis entstand ein theoretisches Modell, welches die erkannten Faktoren und Zusammenhänge beinhaltet. Zur Falsifizierung und Erweiterung dieser wurde im Anschluss eine quantitative Analyse durchgeführt. Diese wurde in Form einer Online-Umfrage ausgeführt. Die darauffolgende Evaluation bestätigte die erhaltenen Ergebnisse. Dazu gliedert sich diese Forschungsarbeit in sechs

Kapitel. In Kapitel 2 wird der Lückenbeweis erörtert. Es folgt die Beschreibung des Forschungsdesigns und die Darstellung der genutzten wissenschaftlichen Methoden im dritten Kapitel. Kapitel 4 umfasst die im Rahmen dieser Dissertation publizierten wissenschaftlichen Beiträge und somit den Fortgang der Arbeit. Es folgt die Diskussion der erzielten Erkenntnisse in Kapitel 5 sowie ein Fazit und Ausblick in Kapitel 6.

2 Notwendigkeit der Betrachtung von Computer Vision Systemen in Unternehmen

„Ein Bild sagt mehr als tausend Worte." ... besagt ein viel zitiertes und allgemein bekanntes Sprichwort und zielt dabei auf den hohen Informationsgehalt von Bildern ab. Kein anderes Medium hat eine annähernd hohe Informationsfülle wie ein Bild oder eine Bildsequenz. Ein kurzer Blick auf einen komplexen Sachverhalt oder eine Skizze dessen kann das Lesen langer Beschreibungen ersetzen (Erhardt 2008, 1). Ein Mensch kann, in einem Bild enthaltenen Informationen durch unbewusst ablaufende Sinnestätigkeiten aufnehmen und verarbeiten. Diese in Abbildung 2.1 illustrierte *„intelligente Fähigkeit"* des Menschen unterteilt sich in die Schritte Sehen, Erkennen und Entscheiden (Jähne, et al. 2013).

Abbildung 2.1 Funktionskategorien des menschlichen Sehens (Jähne, et al. 2013, 7)

Ergänzende Information Die elektronische Version dieses Kapitels enthält Zusatzmaterial, auf das über folgenden Link zugegriffen werden kann https://doi.org/10.1007/978-3-658-49915-0_2.

S. Trinks, *Der Einfluss von Computer Vision Systemen auf Unternehmen*, Schriften zur Business Analytics und zum Informationsmanagement,
https://doi.org/10.1007/978-3-658-49915-0_2

Dabei kann der Mensch diese Fähigkeiten einsetzen, um Aufgaben zu lösen und an ihn gestellte Herausforderungen zu bewältigen. In Unternehmen wird dieses Vermögen, überall, wo Menschen arbeiten, nahezu ununterbrochen genutzt, um einen Beitrag für die Wertschöpfung des selbigen zu leisten. Doch trotz aller Intelligenz und Effizienz ist die menschliche Bildverarbeitung anfällig für Täuschungen und Fehleinschätzungen (Erhardt 2008, 16). Auch bedürfen menschliche Entscheidungen einer Latenzzeit, welche Prozesse in Unternehmen verlängern und dadurch verteuern. Doch der technologische und methodische Fortschritt hin zur Entwicklung intelligenter Systeme ermöglicht es, die menschliche Fähigkeit des Sehens, Erkennens und Entscheidens durch CVS maschinell und autonom durchführen zu lassen. In diesem Kontext bezeichnet Jähne et al. (2013) ein System als intelligent, *„wenn es in der Lage ist, in einer komplexen, sich verändernden Umwelt aufgrund von redundanten und unvollständigen Informationen solche Handlungen autonom durchzuführen, welche zum Erreichen eines bestimmten Ziels erforderlich sind.“*. CVS bringen für Unternehmen die Möglichkeit zur Verbesserung von Prozessen und somit der Steigerung der Wertschöpfung mit sich. Einen visuellen Input in Echtzeit autonom in eine adäquate Reaktion zu transformieren hat Potenzial für eine immense Anzahl an Anwendungsfällen, welche längst nicht ausgeschöpft sind. So wird es beispielsweise im industriellen Umfeld möglich, Informationen über den aktuellen Status von Prozessen, Produkten oder Aufträgen zu erhalten. Darüber hinaus lassen sich zukünftige Zustände und deren Eintrittswahrscheinlichkeiten berechnen (Klinkenberg, et al. 2018).

Der Einsatz dieser Technologien und Methoden kann dazu beitragen, die jeweilige Prozess- und Produktqualität zu erhöhen und damit das Qualitäts-Kosten-Verhältnis zu verbessern (Merz und Siepmann 2016). Daher ordnet sich die Einführung und Implementierung von CVS auch in das Spannungsfeld der digitalen Transformation ein. Diese beschreibt Veränderungen in Geschäftsbereichen und -modellen, welche durch die Technologien verursacht werden, indem sie neue Angebote schaffen, Strukturen und Prozesse verbessern oder Automatisierung erzeugen (Oswald, Saueressig und Krcmar 2022). Dies hat das Potenzial, Einfluss auf das Wertversprechen zu nehmen, dass ein Unternehmen für Kunden erzeugt. Diese beschreibt den Nutzen, welchen die Kunden von einem erstellten Produkt oder einer angebotenen Dienstleistung erwarten können, und stellt das zentrale Element eines Geschäftsmodells dar (Osterwalder, Pigneur und Bernarda, et al. 2015).

Doch die reine technische Realisierbarkeit führt nicht automatisch zu einer gelungenen Implementierung in die Unternehmensstruktur. Für Unternehmen und Organisationen stellt sich stets die Frage nach der Wirtschaftlichkeit, bevor Investitionen getätigt werden. Dies führt zu der Herausforderung, die Potenziale und Grenzen zu verstehen, um einen passendes Wertversprechen zu entwickeln (Bhardwaj und Kole 2016). Es stellt sich daher für die Unternehmen die Frage: *Wann sind diese – für Computer Vision Systeme notwendigen – Investitionen für das Unternehmen lohnenswert? Welche Ausgangspunkte und Faktoren müssen für eine erfolgreiche Implementierung im Unternehmen vorhanden sein?*

Die Auseinandersetzung mit diesen Fragestellungen findet im wissenschaftlichen Diskurs aktuell in einer nicht ausreichenden Form statt. Um Fehlinvestitionen und gescheiterte Einführungen zu vermeiden, benötigen Unternehmen Handlungsempfehlungen, die eine Entscheidungsunterstützung darstellen, ob eine Einführung für den gegebenen Anwendungsfall nutzenstiftend ist. Um die bestehende Forschungslücke detailliert aufzuzeigen, werden folgend die Ausgangspunkte und Potenziale erläutert und den Barrieren gegenübergestellt.

2.1 Computer Vision Systeme

Das Konzept Computer Vision kombiniert Methoden und Techniken der Bildverarbeitung und analytische Methoden. Dabei wird das Ziel verfolgt, Wissen zu generieren und ein Verständnis von einem digitalen Bild oder einem Objekt innerhalb dieses Bildes zu entwickeln (Parihar, Nage und Dahane 2017, Shukla und Vala 2016). Computer Vision umfasst verschiedene Methoden und Techniken zur Erfassung, Verarbeitung, Analyse und Interpretation von Bildern. Abbildung 2.2 illustriert die Einzelschritte sowie deren Ablauf innerhalb eines Computer Vision Prozesses. Im Anschluss an die Aufnahme eines Einzelbildes folgt die Vorverarbeitung und Segmentierung. Dabei ist die spezifische Zusammensetzung stets vom Anwendungsfall abhängig, ebenso die Extraktion von Merkmalen, welche anschließend mittels analytischer Methoden ausgewertet werden können. Ziel des Konzepts ist es dabei, ein hochwertiges Verständnis von Objekten, Merkmalen oder Aktivitäten zu erzeugen, die in digitalen Bildern sichtbar sind (Lopez-Fuentes, et al. 2018). Das entstandene Wissen kann anschließend im Gesamtkontext des Unternehmens in einen Wert umgewandelt werden.

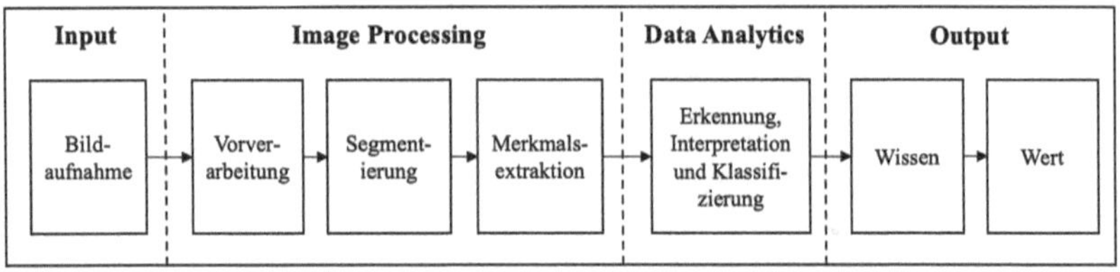

Abbildung 2.2 Computer Vision Prozess (Shukla und Vala 2016, Ennouni, et al. 2017)

Das Konzept Computer Vision umfasst Theorie und Technologie von der Bildaufnahme, über die Speicherung, Verarbeitung und deren analytische Verarbeitung (Priese 2015). Ein CVS besteht in der Regel aus einem Bildsensor, einer Schnittstelle zur Übertragung des Bildes und einer Recheneinheit zur Verarbeitung und Analyse (Nixon und Aguado 2019). Der Computer-Vision-Ansatz verfolgt einen Prozess, der darauf abzielt, Wissen über ein einzelnes Bild oder ein Objekt innerhalb eines Bildes zu gewinnen (Shukla und Vala 2016). Aber auch Techniken, um aus einer Menge von Bildern ein Verständnis für ein einzelnes Bild abzuleiten, sind Teil des Computer Vision Konzeptes (Kulkarni, et al. 2019). Der Fokus liegt auf der Unterstützung von Problemen wie Objektdetektion, Motion Tracking, Action Recognition, Human Pose Estimation oder semantischer Segmentierung (Voulodimos, et al. 2018). Insgesamt kombiniert Computer Vision sowie das Subkonzept des Image Mining Methoden und Techniken der Bildverarbeitung und Datenanalytik, um Wissen aus digitalen Bildern zu gewinnen (Parihar, Nage und Dahane 2017).

Der Markt für Computer Vision Systeme ist in den letzten Jahren stark gewachsen. Es sind eine Vielzahl an Computer Vision Werkzeugen und Frameworks entstanden, die als Kernkomponente von CVS verwendet werden können. Die Werkezeuge dienen der Anwendung der Algorithmen zur Analyse der Bilddaten, aber in den meisten Fällen werden auch Funktionen zur Vorverarbeitung angeboten. Als bekannte und verbreitete Beispiele für Computer Vision Werkzeuge oder Frameworks können folgende genannt werden:

- Open CV (OpenCV Team),
- Amazon Recognition (Amazon Web Services Inc.),
- Google Cloud Vision API (Google Ireland Limited),
- Tensor Flow (TensorFlow Developers 2023) oder
- YOLO (You Only Look Once) (Redmon und Farhadi 2017).

Eine umfassendere Auflistung von CVS-Werkzeugen und Frameworks ist dem Anhang A.3.2 im elektronischen Zusatzmaterial zu entnehmen. Das Werkzeug selbst stellt jedoch nur den Kern eines CVS dar. Der Umfang und Aufbau eines solchen Systems leitet sich aus dem jeweiligen Anwendungsfall ab. Es beinhaltet Hardware, Software sowie in den meisten Fällen eine Netzwerkarchitektur für den Transfer der Daten.

2.2 Potenziale für bestehende Geschäftsmodelle durch Computer Vision Systeme

Eine Vielzahl neuer Technologien und Methoden sowie deren kombinierter Einsatz bringen Chancen und Potenziale für Unternehmen mit sich, die in Bildern enthaltene Informationsfülle nutzenstiftend einsetzen zu können. In diesem Abschnitt werden die Potenziale erläutert, welche Computer Vision Systeme für Unternehmen mit sich bringen. Für bestehende Geschäftsmodelle sind hierbei konkret zwei Bereiche relevant. Zum einen ermöglichen Computer Vision Systeme die Effizienz bestehender Prozesse zu erhöhen. Zum anderen wird es möglich, durch zusätzlich generiertes Wissen einen Wettbewerbsvorteil gegenüber der Konkurrenz zu generieren.

2.2.1 Automatisierung und Effizienzsteigerung durch Computer Vision Systeme

Um eine zielgerichtete Betrachtung zu ermöglichen, gilt es zunächst die Begriffe Effizienz und Automatisierung zu skizzieren und für die Betrachtung zu definieren. Folgt man der Definition des Wirtschaftslexikon Gabler, dann stellt Effizienz ein Beurteilungskriterium dar, welches beschreibt, ob eine Maßnahme geeignet ist, um ein gegebenes Ziel in einer vorgegebenen Art und Weise erreicht werden kann. Ein potenzielles Ziel stellt dabei die Wahrung der Wirtschaftlichkeit dar (Feess, et al.). Im Cambridge Dictionary wird Effizienz als Eigenschaft beschrieben, die darauf abzielt, möglichst wenig Energie oder Anstrengung einzusetzen und mit dieser eine höchstmögliche verwertbaren Leistung zu generieren (Cambridge University Press). Der Duden verkürzt die Definition von Effizienz auf die Wirtschaftlichkeit und den bestmöglichen Wirkungsgrad (Cornelsen Verlag GmbH 2023). An diesen Definitionen orientierend wird die Effizienz in dieser Arbeit mit der höchstmöglichen Qualität des erzeugten Wertes zu den geringsten Kosten definiert. Dies kann durch die Automatisierung der Prozesse möglich werden. Funktioniert ein Prozess autonom, so benötigt dieser unter festgelegten Bedingungen kein menschliches Eingreifen. Der Begriff Automatisch gibt hierbei an, dass in einen Ablauf oder Prozess unter festgelegten Bedingungen kein menschliches Eingreifen notwendig ist. Dadurch können Unternehmen die Produktivität erhöht, Fertigungszeiten verkürzt oder Kosten senken und dadurch die Effektivität erhöhen (Heinrich, Linke und Glöckler 2022).

Die Einführung von CVS hat das Potenzial, den Automatisierungsgrad sowie die Effizienz zu erhöhen, ist jedoch auch Investitionen verbunden. Daher stellt sich für Unternehmen vor dem Implementierungsprozess die Fragen nach dem Kosten-Nutzen-Verhältnis. Dabei gilt es zu konzipieren, inwieweit ein CVS einen Beitrag zur Effizienzsteigerung bestehender Prozesse liefern kann. Die bestehende Prozessstruktur bildet dabei den Status Quo innerhalb eines Unternehmens. Um am Markt bestehen zu können, ist die andauernde Verbesserung der Prozesse jedoch unerlässlich. Neue innovative Technologien bieten hierbei für Unternehmen zum einen eine Chance zur Effizienzsteigerung, zum anderen sind sie jedoch auch gezwungen zu investieren und ihre Prozesse durch die Implementierung dieser Technologien zu transformieren, um am Markt bestehen zu können (Tornatzky und Fleischer 1990). CVS fallen genau in dieses Spannungsfeld der innovativen Technologien. Sie bringen das Potenzial mit sich, visuelle Informationen automatisiert zu erheben und selbstständig ohne menschliches Eingreifen eine adäquate Reaktion auszulösen. Der Begriff Automatisch gibt hierbei an, dass in einen Ablauf oder Prozess unter festgelegten Bedingungen kein menschliches Eingreifen notwendig ist. Unternehmen ermöglich diese potenzielle Automatisierung multiple Möglichkeiten. So kann durch Automatisierung innerhalb der Organisation die Produktivität erhöht, Fertigungszeiten verkürzt, Kosten gesenkt und die Arbeit von Mitarbeitern erleichtert werden (Heinrich, Linke und Glöckler 2022). Unter Automatisierungssystemen wird in diesem Zusammenhang die Menge an physikalischen Elementen (Sensor, Netzwerk, Recheneinheit, etc.) verstanden, die es ermöglicht, Prozesse zielgerichtet ablaufen lassen zu können (Schnieder 2013). Ein CVS zielt darauf ab, ein möglichst umfangreiches und hochwertiges Verständnis von Objekten, Merkmalen oder Aktivitäten zu erzeugen, die in aufgenommenen digitalen Bildern sichtbar sind (Lopez-Fuentes et al. 2018). Dies bildet die Grundlage für die Automatisierung und somit für die Effizienzsteigerung von Prozessen, bei welchen ein visueller Input verarbeitet werden muss. Computer Vision Systeme können anschließend selbstständig eine angemessene Reaktion auslösen und somit einen Beitrag zur Automatisierung innerhalb von Organisationen leisten. Beispielhaft für die beschriebene Prozesse können Anwendungen aus dem Bereich der Logistik (Thamer, et al. 2014) oder dem Qualitätsmanagement (Yan, et al. 2017) angeführt werden. Für Unternehmen stellt sich hierbei die

Frage: Lassen sich bestehende Aufgaben durch den Einsatz von Computer Vision kostengünstiger gestalten (Heinrich, Linke und Glöckler 2022)?

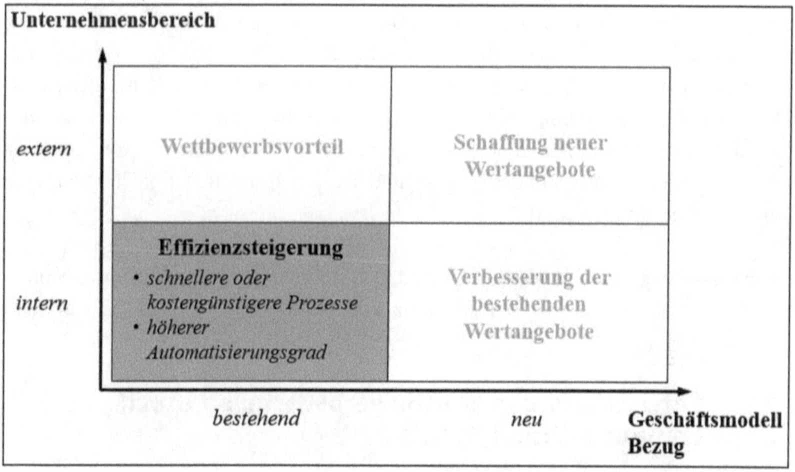

Abbildung 2.3 Vier Quadranten Matrix für CVS – Effizienzsteigerung

Die Automatisierung von Prozessen und Aufgaben lässt sich zur Beschleunigung selbiger einsetzen. So kann beispielsweise die Produktionsgeschwindigkeit gesteigert und damit der Output erhöht werden (Heinrich, Linke und Glöckler 2022). Nicht nur die reine Automatisierung kann zur Beschleunigung von Prozessen führen, auch die Unterstützung der Mitarbeiter durch die Vereinfachung der Arbeitsschritte ist ein potenzieller Beschleunigungsfaktor. Zu diesem Zweck finden CVS in Unternehmen Einsatz. Beispielsweise lassen sich durch CVS Screenshots von Webseiten automatisiert analysieren und so aktuelle Trends identifizieren. Zeitintensive Recherchearbeiten lassen sich durch dieses Vorgehen minimieren (Schmidt, et al. 2020), wodurch wiederum eine Kostenreduktion möglich wird. Ein weiteres Beispiel hierfür stellt die Analyse defekter Geräte dar. Durch die Aufnahme eines Bildes vom Gerät direkt beim Kunden, kann nach der Übermittlung und analytischen Auswertung des Bildes eine Handlungsempfehlung oder ein Reparaturvorschlag generiert werden. Die Effizienz kann in diesem Beispiel durch die Kostenminderung von Transport- und Personalkosten, aber auch durch eine potenziell höhere Kundenzufriedenheit generiert werden (Interview PM3, Anhang C.2.4 im elektronischen Zusatzmaterial).

Ordnet man diese durch CVS vorhandenen Möglichkeiten in die Vier Quadranten Matrix ein (siehe Abbildung 2.3), so gilt es zu untersuchen, inwieweit sich durch den internen Einsatz von CVS bestehende Prozesse automatisieren oder unterstützen lassen. Darauf aufbauend, gilt es zu analysieren, ob und wie existierende Geschäftsprozesse dadurch an Effizienz gewinnen. Der Zusammenhang zwischen CVS als innovative Technologie und der Effizienzsteigerung von bestehenden internen Prozessen und damit dem Geschäftsmodell ist offensichtlich und bildet daher den Ausgangspunkt zur tiefgehenden Untersuchung des Einflusses auf Geschäftsmodelle. Zum Zweck der zielgerichteten Betrachtung, ist der beschriebene Untersuchungsgegenstand in den folgenden Forschungsfragen formuliert und untergliedert.

Forschungsfrage 1: Inwieweit kann durch den Einsatz von CVS eine Steigerung der Effizienz erzielt werden?

2.2.2 Entwicklung von Wettbewerbsvorteilen durch Computer Vision Systeme

Wie im vorhergehenden Abschnitt dargelegt, lässt sich durch die Effizienzsteigerung und Automatisierung die Produktionsgeschwindigkeit steigern oder der Output quantitativ oder qualitativ verbessern (Heinrich, Linke und Glöckler 2022). Dabei liegt der Fokus auf internen Prozessen. Auch im Hinblick auf Wettbewerber und den Markt lassen sich durch den Einsatz von CVS Potenziale vermuten. Um den Einfluss von CVS auf den Wettbewerbsvorteil von Unternehmen untersuchen zu können, ist es zunächst notwendig den Begriff zu beleuchten. Laut Porter (1980) besteht der Wettbewerbsvorteil im Kern aus dem Wert, den Unternehmen für ihre Kunden erzeugen. Dabei ist der entscheidende Punkt, um einen Wettbewerbsvorteil zu erzielen, dass die Kosten für die Herstellung des erzeugten Wertes dessen Erlös nicht übersteigen. Bereits im Jahre 1985 beschrieb Porter den Zusammenhang zwischen dem Einsatz von Technologie und der Erzielung eines Wettbewerbsvorteils gegenüber der Konkurrenz. Der Einsatz von Technologien hat laut Porter (1985) das Potenzial, einen Wettbewerbsvorteil zu schaffen, wenn die eingesetzte Technologie eine zentrale Rolle bei der Bestimmung der Kostenpositionen oder im Hinblick auf die Differenzierung spielt. Dabei ist entscheidend, dass entweder die Kosten oder die Einzigartigkeit des Outputs die entscheidenden Faktoren im Wettbewerb sind (Porter, Technology and competitive advantage 1985). Moore (2007) benennt in diesem Spannungsfeld sieben Dimension von Wettbewerbsvorteilen: Kunden, Märkte, Angebote,

Prozesse, Organisationen, Stakeholder sowie Werte und Politik. Barney (1997) knüpft den Wettbewerbsvorteil an die Leistung, die ein Unternehmen erzeugt. Er argumentiert, dass ein Unternehmen eine überdurchschnittliche Leistung erzielt, wenn es aus den eingesetzten Ressourcen einen größeren Wert als erwartet generiert. Dadurch besteht für das Unternehmen ein potenzieller Wettbewerbsvorteil gegenüber den Mitbewerbern. Saloner et al. (2001) sagen, dass Wettbewerbsvorteile entweder bedeuten, dass ein Unternehmen eine Dienstleistung oder ein Produkt herstellen kann, dass die Bedürfnisse der Kundschaft besser befriedigt als die der Konkurrenten, oder dass es seine Dienstleistung oder sein Produkt zu niedrigeren Kosten als seine Konkurrenten herstellen kann (Saloner, Shepard und Podolny 2001, 22). Abbildung 2.4 zeigt die Einordnung der Erzielung eines Wettbewerbsvorteils durch den Einsatz eines CVS mittels der Vier Quadranten Matrix. Darin ist ersichtlich, dass CVS potenziell bei der Erzielung einer Kostenführerschaft oder der Differenzierung gegenüber den Mitbewerbern unterstützen kann.

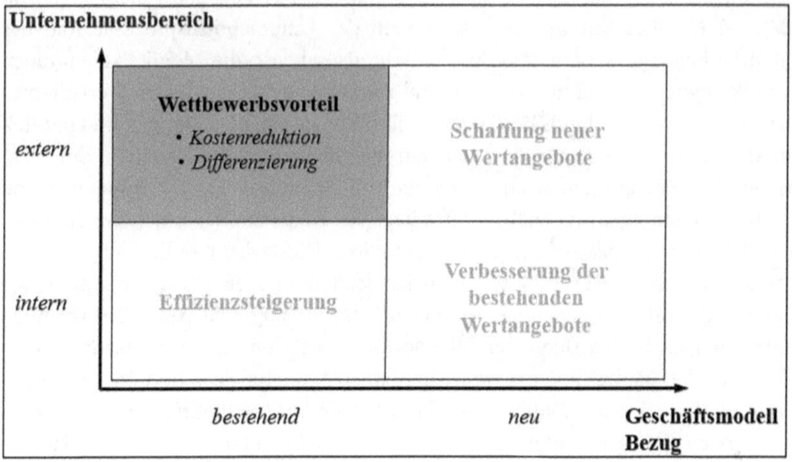

Abbildung 2.4 Vier Quadranten Matrix für CVS – Wettbewerbsvorteil

Wie bereits im ersten Quadrat der vier Quadranten Matrix diskutiert, können CVS es Unternehmen ermöglichen, ihr Prozesse effizienter zu gestalten. Das heißt, das CVS unterstützt dabei den Wert für den Kunden entweder zu geringeren Prozesskosten herzustellen oder die Quantität dessen zu erhöhen. Kosten lassen sich beispielsweise reduzieren, indem Aufgaben von Mitarbeitern durch automatisierte Prozesse übernommen werden. Dabei lassen sich Aufgaben von Mitarbeitern nicht nur eins zu eins ersetzen, sondern können – abhängig vom Anwendungsfall – auch besser ausführen werden. Beispielsweise lassen sich Fehler in der Produktion dadurch mit einer höheren Wahrscheinlichkeit identifizieren, was wiederum zu einer durchschnittlich höheren Qualität des Erzeugnisses führen kann. CVS haben hierbei bei dauerhaft gleichbleibenden Aufgaben Vorteile gegenüber Menschen, da die Konzentration und Aufmerksamkeit der Systeme nicht nachlässt (Hamdi, et al. 2017). Dies hat zur Folge, dass durch den Einsatz von CVS nicht nur die Möglichkeit der Kostenreduktion, sondern auch eine positive Differenzierung zur Konkurrenz möglich wird. Beispielhaft ist an dieser Stelle die Erzeugung eines Produktes oder einer Dienstleistung in einer höheren Qualität in Bezug auf die Konkurrenz zu nennen. Neben den Potenzialen von CVS im Hinblick auf die Verbesserungen der Unternehmensprozesse und der damit verbundene Kostenreduktion, besteht also ebenso die Möglichkeiten einen hochwertigeren Output zu erzeugen und so das Angebot sowie das Wertversprechen zu erhöhen. Dadurch lässt sich die Differenzierung des Outputs im Hinblick auf die Konkurrenz vergrößern und ein Wettbewerbsvorteil erzielen. Ein klassisches Anwendungsgebiet von CVS sind im Bereich der Defekterkennung und Qualitätssicherung auszumachen. Hier liegt der Fokus auf der Erhöhung der Qualität des Outputs und auf der Kostenreduktion. Dies wird möglich, da in vielen Bereichen automatisierte Systeme in den letzten Jahrzehnten die traditionellen manuellen Prüfverfahren abgelöst haben (Ngan, Pang und Yung 2011). Auch Anwendungen in den Bereichen Diagnostik, Inspektion oder Monitoring (Emam 2015) werden häufig in der wissenschaftlichen Literatur diskutiert und verfolgen das Ziel, den Wert des Outputs zu erhöhen. Durch diese Optimierung des Angebots, lassen sich neue potenzielle Märkte erschließen und dadurch neue Kunden und Stakeholder gewinnen. Die automatisierte Aufnahme, Verarbeitung und Analyse von Informationen aus Bilddaten können zu hochwertigeren Erzeugnissen oder Dienstleistungen führen. Dadurch lassen sich wiederum neue Märkte adressieren und zusätzliche Kundensegmente bedienen. Auch hochwertigere Angebote oder Wertversprechen sind potenziell möglich. Ebenso kann der Wert bestehender Produkte oder Dienstleistungen dauerhaft gesteigert werden, was wiederum einen Vorteil gegenüber den Wettbewerbern bedeuten kann. Die Betrachtung der in diesem Abschnitt beschriebenen Forschungsobjekte wird im Rahmen dieser Dissertationsschrift anhand folgender Forschungsfragen durchgeführt.

Forschungsfrage 2: Inwieweit kann durch den Einsatz von CVS ein Wettbewerbsvorteil erzielt werden?

Neben dem Beitrag zur Automatisierung und Prozessbeschleunigung, haben Computer Vision Systeme also auch das Potenzial, den Wert des Outputs zu erhöhen. Der entstehende Wettbewerbsvorteil bringt die Unternehmen in eine gute Ausgangsposition, Computer Vision Systeme so einzusetzen, dass nicht nur bestehende Geschäftsmodelle unterstützt, sondern auch neue entwickelt werden können.

2.3 Entstehung neuer Geschäftsmodelle durch Computer Vision Systeme

Betrachtet man allein die Möglichkeit, die Fähigkeit des menschlichen Sehens mittels eines CVS durchführen zu lassen, liegt es auf der Hand, dass dies Potenziale für neue Geschäftsmodelle liefern kann. Vor allem wenn man den Fakt in Betracht zieht, dass ein CVS in der Lage sein kann, die gestellte Aufgabe präziser und gewinnbringender als ein Mensch auszuführen. Der zentrale Punkt für die Änderung oder Entstehung neuer Geschäftsprozesse liegt im Wertangebot, welches durch das Unternehmen generiert wird. Daher wird der Fokus der Untersuchung auch auf dieses gelegt.

2.3.1 Verbesserte Werteangebote durch Computer Vision Systeme

Neben der Unterstützung, Beschleunigung und Verbesserung von Prozessen und Aufgaben sowie der Wertpotenzierung des Outputs, bieten Computer Vision Systeme auch die Möglichkeit, gänzlich unbekanntes Wissen aufzudecken und dadurch im besten Fall neue Werte zu schaffen. Speziell das Subkonzept des Image Mining folgt dem Ziel, Muster und Regeln in Bilddaten zu identifizieren und Wissen zu generieren, welches nicht auf den ersten Blick ersichtlich ist

(Parihar, Nage und Dahane 2017, Shukla und Vala 2016). So können beispielsweise auch Ultraschall (Mocanu, Tapu und Zaharia 2016) oder Röntgenbilder (Mery und Arteta 2017) die Qualität im Inneren eines Produktes mittels analytischer Methoden analysieren. Fehler können dann meist besser und schneller identifiziert werden als durch einen Menschen, da diese mit der Art der Bilder nicht vertraut sind und auf weniger Erfahrung zurückgreifen können als bei normalen Bildern. Auch kann Wissen potenziell schneller aufgedeckt und identifiziert werden. In der Vier Quadranten Matrix findet daher die Einordnung in den in Abbildung 2.5 hervorgehobenen Quadranten „Verbesserung der Wertangebote" statt. In diesem Bereich kann beispielsweise mittels Web Mining eine Vielzahl an Bilder ausgewertet werden. Durch die Technologie lassen sich so gänzlich neue Anwendungsfälle erzeugen. Beispielsweise übermitteln intelligente Kühlschränke ihren aktuellen Füllstand und können dadurch automatisch eine passende Reaktion auslösen. Ähnliche verhält es sich beispielsweise auch beim autonomen Fahren. Hier werden Informationen über die Umwelt gewonnen, die sonst unbekannt geblieben wären.

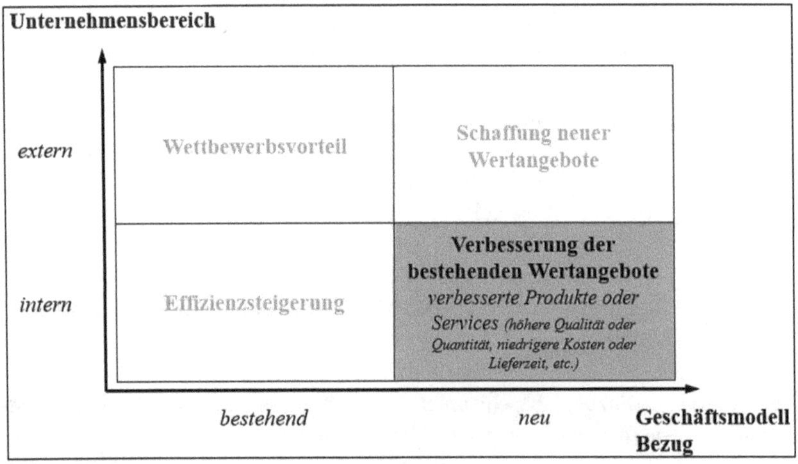

Abbildung 2.5 Vier Quadranten Matrix für CVS – Verbesserung bestehender Wertangebote

Doch die reine Gewinnung der Information oder des Wissens über bestimmte Sachverhalte und Zustände bildet nur den Ausgangspunkt, den Wertbeitrag für den Kunden zu erhöhen. Im Gegensatz zur Unterstützung und Optimierung von bestehenden Geschäftsmodellen, liegt zwar auch das Potenzial für die Entwicklung neuer Modelle auf der Hand, jedoch bleiben viele Fragen offen, wenn es um die Umsetzung und mögliche Einflussfaktoren geht. Zudem ist das Risiko einer Fehlinvestition für die Unternehmen wesentlich größer. Daher folgt diese Dissertationsschrift dem Ziel, die folgende Forschungsfrage zu klären.

Forschungsfrage 3: Wie und unter welchen Bedingungen lassen sich die Wertangebote durch den Einsatz von CVS verbessern, so dass neue Geschäftsmodelle entstehen?

2.3.2 Schaffung neuer Wertangebote durch Computer Vision Systeme

Die bestehenden Wertangebote zu optimieren und dadurch das Geschäftsmodell positiv zu verändern ist die eine Möglichkeit, die Position des Unternehmens am Markt zu stärken. Die Entwicklung komplett neuer Wertangebote durch den Einsatz innovativer Technologien wie Computer Vision zu schafften, ermöglicht hingegen nicht nur die Position des Unternehmens am Markt zu stärken, sondern ebenso die Erschließung neuer Marktsegmente. Um diesen Zusammenhang und die beschriebenen Auswirkungen zu untersuchen, ist es zunächst notwendig zu analysiere, inwieweit neue Wertangebote und damit neue Geschäftsmodelle durch den Einsatz von CVS entstehen können. Betrachten wir diesen Sachverhalt im Rahmen der Vier Quadranten Matrix, dann liegt der Fokus der Betrachtung auf dem vierten Quartanten. Wie in Abbildung 2.6 zu erkennen, liegt die Betrachtung in diesem Quadranten auf neuen Geschäftsmodellen, die einen Wert für den Markt schaffen. In der wissenschaftlichen Literatur ist die Frage unbehandelt, ob die Aufdeckung unbekannten Wissens durch CVS der Auslöser für neue Geschäftsmodelle sein kann.

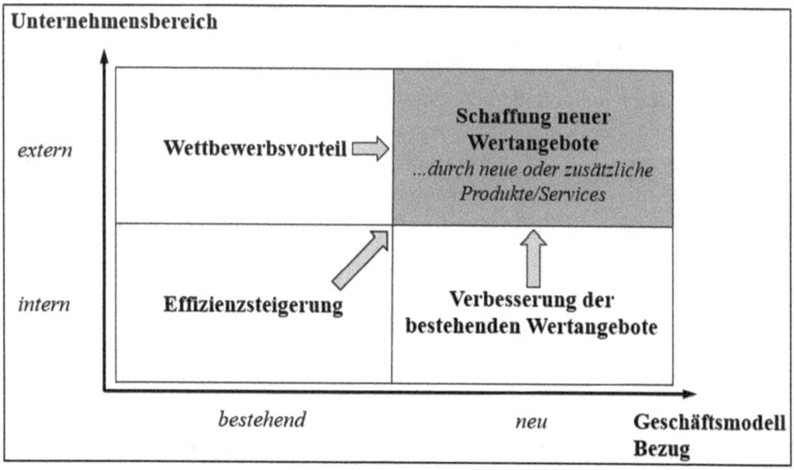

Abbildung 2.6 Vier Quadranten Matrix für CVS – Schaffung neuer Wertangebote

Betrachtet man diese Lücke mittels der Vier Quadranten-Matrix, dann bestehen drei mögliche Ausgangspunkte, durch welche neue Geschäftsmodelle entstehen können. Wie in Abbildung 2.6 dargestellt, kann das Ziel einen Wettbewerbsvorteil durch CVS zu generieren, ein Ansatzpunkt sein. Zudem können die Effizienzsteigerung sowie die Optimierung der bestehenden Wertangebote durch CVS den Ursprung bilden. Es resultiert daher für die spezifische Betrachtung folgende Forschungsfrage.

Forschungsfrage 4: Inwiefern entstehen durch den Einsatz von CVS neue Wertangebote?

Diese Dissertationsschrift folgt dem Ziel, wissenschaftliche Erkenntnisse im Hinblick auf diese Fragen zu generieren. Die vier Fragen münden im Erkenntnisziel dieser Arbeit, welche wie folgt formuliert ist.

Erkenntnisziel: Wie und unter welchen Bedingungen führen Computer Vision Systeme zu neuen oder veränderten Wertangeboten in Unternehmen?

Um aus dem Erkenntnisziel ein Gestaltungsziel für diese Forschungsarbeit abzuleiten, ist es zunächst notwendig, die Barrieren für die Einführung von CVS zu betrachten. Dies wird im folgenden Abschnitt vorgenommen.

2.4 Barrieren für Computer Vision System

Die Potenziale von CVS sowie deren Auswirkungen auf den Wertbeitrag und Geschäftsmodelle wurden im vorangegangenen Abschnitt erörtert. Um diese Möglichkeiten ausschöpfen zu können, müssen Unternehmen jedoch zuvor bestimmte Vorrausetzungen für die Einführung von CVS schaffen. Barrieren, die einer Einführung entgegenstehen, müssen überwunden werden. Im Rahmen der wissenschaftlichen Betrachtung ließen sich hierbei folgende potenziellen Barrieren identifizieren:

- notwendige Investitionen,
- hohe Komplexität,
- fehlendes Know-how,
- Heterogenität der möglichen Anwendungsfälle sowie die
- Reduktion der Verarbeitungslatenz (Koppe, Schatz und Hornung 2021, 66) (Heinrich, Linke und Glöckler 2022).

Eine offensichtliche Barriere stellt die notwendige Investition dar, welche zu Beginn einer Einführung einer unklaren Rendite gegenübersteht. Die analytische Verarbeitung von Bilddaten bedarf, allein wegen ihrem Datenvolumen leistungsstarke Hardware. Dies bezieht sich zum einen auf die Rechenleistung sowie den Arbeitsspeicher der verarbeitenden Recheneinheit, zum anderen auf Sensoren, Netzwerk und Speicher. Eine für die Organisation passende Architektur muss konzipiert und umgesetzt werden. Ebenso wird die Entwicklung oder der Einkauf von Softwarekomponenten und Lizenzen in vielen Fällen notwendig. Diese Vielfältigkeit der notwendigen Komponenten sowie deren Zusammenspiel bedürfen eines hohen Grades an Planung und Know-how. An dieser Stelle fehlt es an einem geeigneten Vorgehensmodell, bewährten Praktiken oder Gestaltungsempfehlungen, die Unternehmen als Hilfestellung zur Komplexitätsreduzierung einer CVS-Einführung nutzen können. Um dieser Problemstellung entgegenzuwirken, verfolgt diese wissenschaftliche Arbeit das Ziel, Gestaltungsempfehlungen für eine CVS-Einführung aus den gewonnenen Erkenntnissen zu erarbeiten. Jedoch bleibt das Hemmnis des fehlenden Know-hows innerhalb der Unternehmen, das ebenfalls ein Hemmnis für die Einführung und den Einsatz eines CVS darstellt. In vielen Unternehmen ist wenig Expertise im Bereich Computer Vision vorhanden (Koppe, Schatz und Hornung 2021, 66). In diesen Fällen müssen externe Dienstleister und Berater eingekauft werden, um das notwendige Wissen innerhalb der Organisation aufzubauen. Dies steigert wiederum die notwendigen Investitionen. Die Wirtschaftlichkeit und somit die Entwicklung eines Wertes für einen Kunden mit einem positiven Kosten-Nutzen-Verhältnis ist für Unternehmen essenziell (Heinrich, Linke und Glöckler 2022). Um die beschriebenen Potenziale von CVS ausschöpfen zu können, müssen Unternehmen mit Investitionen in Vorleistung gehen. Das reine Erwerben eines bildgebenden Sensors mit geeigneter Auflösung sowie einer Recheneinheit für die Ausführung der analytischen Auswertung ist hierbei meist nicht ausreichend, um CVS nutzenstiftend einsetzen zu können. Dies ist jedoch abhängig vom konkreten Anwendungsfall, welcher durch ein CVS Unterstützung finden soll. Die Heterogenität der möglichen Anwendungsfälle beinhaltet auch weniger komplexe Beispiele. So können beispielsweise für die einmalige Erkennung bestimmter Gegenstände mittlerweile vortrainierte Datenmodelle mit einer hohen Passgenauigkeit nutzbar sein. Für die Integration eines CVS in die Prozesse eines Unternehmens wird zumeist eine ganzheitliche Infrastruktur benötigt. Sensoren und Hardware sind Teil dieser Struktur, allerdings bedarf es ebenso geeigneter Netzwerkarchitekturen, welche es ermöglichen, große Bilddaten mit einer geringen Latenz zu transferieren. Dabei können zum Teil bestehende Strukturen genutzt werden, was Unternehmen mit einem höheren Reifegrad in eine verbesserte Ausgangsposition bringt. Jedoch gestaltet sich der Einführungsprozess eines CVS umso komplexer und damit kostspieliger, je größer das Unternehmen. Die Heterogenität und Komplexität der potenziellen Anwendungsfälle sowie die relative Neuheit von Computer Vision System stellen die Unternehmen vor Herausforderungen, die den Potenzialen einer Einführung gegenüberstehen. Einer grundsätzlichen Investitionsbereitschaft in innovative Technologien steht zumeist ein Risiko gegenüber. So bietet die aktuelle wissenschaftliche Literatur keine Beiträge, die Handlungsempfehlungen für die Einführung und Nutzung von CVS thematisieren. Das Ziel dieser Dissertation liegt daher darin, einen Beitrag zur Schließung dieser Lücke zu leisten und Handlungsempfehlungen für Unternehmen abzuleiten. Daher folgt diese Forschungsarbeit folgendem, in drei Fragen unterteiltem, Gestaltungsziel:

(1) Welche Ziele lassen sich durch die Einführung eines CVS unterstützen oder erreichen?
(2) Wie lässt sich durch den Einsatz von CVS die Value Proposition verbessern und somit das Geschäftsmodell beeinflussen?
(3) Wie lässt sich der Einführungsprozess, hin zu einem nutzenstiftenden CVS realisieren?

Gestaltungsziel: Entwickeln von Gestaltungsempfehlungen für Unternehmen zur Einführung von Computer Vision Systemen.
Zur Identifikation und Präzisierung des Erkenntnis- und Gestaltungsziels wurden zunächst Literaturanalysen durchgeführt. Zur Erzielung von Ergebnissen und dem Schließen der Forschungslücke wurde anschließend ein Design Artefakt entwickelt und die erkannten Zusammenhänge in ein theoretisches Modell überführt. Dies wurde im Anschluss mittels eines Mixed-Methods Forschungsansatz getestet, überarbeitet und erweitert. Aufbauend auf den gewonnenen Erkenntnissen wurden dem Gestaltungsziel entsprechende Empfehlungen abgeleitet.

2.5 Wissenschaftlicher Beitrag der Arbeit

Diese Qualifizierungsschrift adressiert mit ihrem Beitrag sowohl Forschung als auch Praxis, indem die Einführung sowie deren Auswirkungen von CVS auf Unternehmen betrachtet wird. Im Speziellen wird dabei der Einfluss auf den Wertbeitrag eines CVS analysiert. Dabei steht die Betrachtung im Mittelpunkt, wie und unter welchen Bedingungen CVS zur Schaffung neuer oder veränderter Wertangebote und Geschäftsmodelle beitragen kann. Dafür werden die Rahmenbedingungen identifiziert, die für eine erfolgreiche Wertschöpfung entscheidend sind. Die mittels Mixed-Methods gewonnenen Erkenntnisse fließen in ein theoretisches Modell ein. Dieses wiederum stellt einen Beitrag zur Weiterentwicklung der wissenschaftlichen Diskussion im adressierten Spannungsfeld dar. Basierend auf den gewonnenen Erkenntnissen, welche auf einer theoretischen und empirischen Analyse beruhen, werden im Rahmen dieser Arbeit Gestaltungsempfehlungen für die Wertbeitragsorientierte Einführung eines CVS abgeleitet und präsentiert. Diese Empfehlungen berücksichtigen technologische, organisatorische und strategische Faktoren und bieten einen praktischen Leitfaden, um Herausforderungen bei der Konzeption und Implementierung zu bewältigen und Erfolgspotenziale zu maximieren.

Der beschriebene Beitrag dieser Dissertationsschrift zahlt in die Schließung der erörterten Forschungslücke ein. Trotz der zunehmenden Verbreitung und Bedeutung von CVS in der Wirtschaft existiert eine Forschungslücke im Bereich der systematischen Gestaltungsempfehlungen für die Einführung von CVS sowie der Untersuchung ihres Einflusses auf Wertangebote. Das Verständnis der dafür zugrundeliegenden Faktoren und Zusammenhänge stellt ebenso eine nicht geschlossene Lücke dar. Die Gründe für die bestehende Forschungslücke sind hierbei vielfältig. Ein Grund lässt sich in der Geschwindigkeit und Dynamik der technologischen Entwicklung vermuten. Schnelle Veränderung, eine hohe Interdisziplinarität sowie Komplexität lassen sich ebenfalls als Gründe, für die nicht geschlossene Lücke nennen. CVS erfordern die Integration verschiedener Fachbereiche der Informatik, aber eben auch der ökonomischen Perspektive. Die damit verbundene Komplexität erschwert eine einheitliche, wissenschaftlich Betrachtung, die technologische, organisatorische und strategische Aspekte gleichermaßen adressiert. Viele bestehende Studien fokussieren sich stark auf die technischen Aspekte von CVS, während praxisorientierte Ansätze, die den Nutzen und die organisatorischen Herausforderungen für Unternehmen beleuchten, nur spärlich vorhanden sind. Diese Diskrepanz zwischen der Forschung im technischen Bereich und einer ökonomisch zielführenden Implementierung führt dazu, dass Unternehmen oft keine konkreten Leitlinien zur Verfügung stehen. Es fehlt an empirischen Studien, die systematisch untersuchen, unter welchen Bedingungen CVS tatsächlich neue oder veränderte Wertangebote schaffen. Indem diese bisher kaum behandelten Aspekte aufgegriffen werden, trägt die vorliegende Dissertation dazu bei, die beschriebene Forschungslücke zu schließen. Sie trägt damit dazu bei, eine effektivere und ökonomisch sinnhafte Nutzung CVS in Unternehmen voranzutreiben.

3 Forschungsrahmen und -design

Die in Kapitel zwei beschriebene Ausgangssituation bildet die Basis für die vermuteten Zusammenhänge zwischen dem Einsatz von CVS und Geschäftsmodellen von Unternehmen. Die Notwendigkeit der Untersuchung und damit die Basis für die Erzielung einer Erkenntnis ist somit gegeben. Es stellt sich jedoch die Frage, auf welchem Wege diese Erkenntnis erzielt wird. Um diesen Weg nachvollzieh- und reproduzierbar darzustellen, wird in diesem Kapitel das Forschungsdesign vorgestellt und erörtert. Neben der Erläuterung des Rahmens sowie des zugehörigen Ablaufs der Forschung, ist auch die wissenschaftstheoretische Positionierung des Forschenden bedeutsam. Dabei gilt es zu erörtern, wie und aus welcher Position die Erkenntnis über das betrachtete Phänomen erzielt wird. Die Wissenschaftstheorie bildet das theoretische Fundament für den gesamten Forschungsprozess und ermöglicht eine fortlaufende kritische Reflektion (Becker, Niehaves, et al. 2009). Dabei befasst sie sich neben den Zielen auch mit den Bedingungen, unter welchen der Untersuchungsgegenstand Betrachtung findet (Becker, Holten, et al., Epistemologische Positionierungen in der Wirtschaftsinformatik am Beispiel einer konsensorientierten Informationsmodellierung 2013). Zunächst wird die grundlegende wissenschaftstheoretische Positionierung dargestellt und erläutert. Diese begründet die Herangehensweise an den Untersuchungsgegenstand sowie die Wahl und die Ablauffolge der einzelnen Forschungsmethoden, welche in ihrer Gesamtheit das Forschungsdesign bilden.

Ergänzende Information Die elektronische Version dieses Kapitels enthält Zusatzmaterial, auf das über folgenden Link zugegriffen werden kann https://doi.org/10.1007/978-3-658-49915-0_3.

S. Trinks, *Der Einfluss von Computer Vision Systemen auf Unternehmen*, Schriften zur Business Analytics und zum Informationsmanagement,
https://doi.org/10.1007/978-3-658-49915-0_3

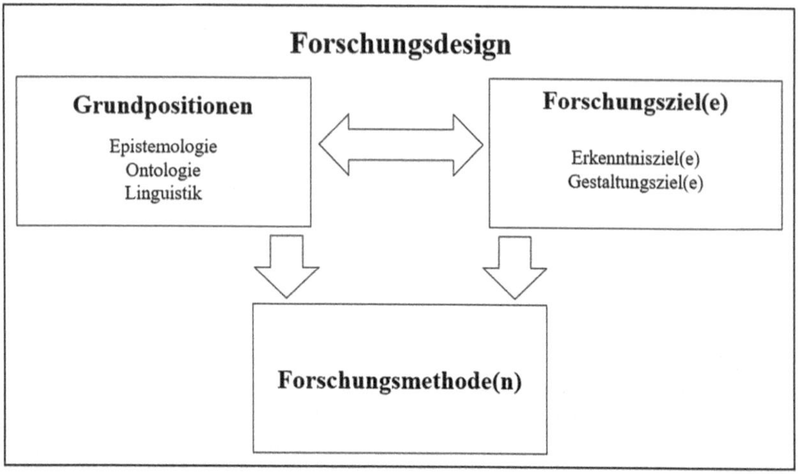

Abbildung 3.1 Entscheidungsparameter des Entwurfs eines Forschungsdesigns (Becker, Holten, et al. 2003)

Die vorgenommene Methodenauswahl fußt neben der Definition der Forschungsziele auf der in diesem Kapitel dargestellten epistemologischen, ontologischen und linguistischen Einordnung (Becker, Holten, et al., Forschungsmethodische Positionierung in der Wirtschaftsinformatik: epistemologische, ontologische und linguistische Leitfragen 2003). Abbildung 3.1 zeigt die hierfür relevanten Entscheidungsparameter bei der Auswahl des Forschungsdesigns nach Becker et al. (2003). Die Abbildung zeigt die Verzahnung von Grundpositionen, Forschungszielen und Forschungsmethoden innerhalb des Forschungsdesigns. Zentrale Grundpositionen umfassen dabei epistemologische, ontologische und linguistische Perspektiven. Diese Positionen prägen nicht nur die theoretische Ausrichtung der Arbeit, sondern dienen auch als methodische Grundlage für die Entwicklung eines kohärenten und nachvollziehbaren Forschungsprozesses. Die Synthese dieser Elemente führt zur Auswahl und Anwendung geeigneter Forschungsmethoden, welche die Umsetzung der Ziele ermöglichen. In diesem Kontext definiert sich das Forschungsdesign als Auswahl und Abfolge von Methoden, die zur Klärung der wissenschaftlichen Fragestellung dienen. In Gänze bietet das Forschungsdesign einen strukturierten Rahmen für die Generierung und

Anwendung neuer Erkenntnisse. Es stellt daher die Basis einer fundierten wissenschaftlichen Arbeit und somit einen entscheidenden Erfolgsfaktor dieser dar (Lindner 2020, 19).

3.1 Wissenschaftstheoretische Positionierung

Die Wissenschaft zielt auf den Erkenntnisfortschritt und folgt dabei der Annäherung an die Wahrheit (Töpfer 2012). Doch welch einen Blickwinkel auf die Realität und damit auf den Forschungsgegenstand hat ein Wissenschaftler? Die Einnahme einer wissenschaftlichen Position nimmt Einfluss auf die Zielformulierung, die wiederum wechselseitig die Position des Wissenschaftlers beeinflusst (Becker, Holten, et al. 2003). Wie also stellt sich die wissenschaftstheoretische Position dieser Dissertationsschrift dar? Dieser Fragestellung folgend, wird im hiesigen Abschnitt eine Einordnung vorgenommen und erörtert.

Becker et al. (2003) unterscheiden im Spannungsfeld Wissenschaftstheorie zwischen drei Aspekten in der Positionierung. Diese umfassen die drei Ebenen der *ontologischen-*, die *epistemologischen-* sowie der *linguistischen* Positionierung. Die ontologische Position einer Forschung beschäftigt sich mit der Frage nach einer objektiven Realität und definiert somit die grundlegende Fähigkeit des Erkenntnisgewinns. Die epistemologische Position, welche die zweite Ebene darstellt, betrachtet die Sichtweise der menschlichen Erkenntnis. Dabei steht die Frage im Vordergrund, wie sich ein Erkenntnisgewinn erzielen lässt und wie sich die Wahrheit definiert (Töpfer 2012, 111). Die linguistische Positionierung stellt die sprachliche Position einer Theorie dar und steht in Abhängigkeit zu den ersten beiden Ebenen. Die Auswahl der passenden Forschungsmethodik und die daraus resultierenden Erkenntnisse sind durch die ontologische-, epistemologische- und linguistische Grundposition des oder der Forschenden bestimmt (Becker, Holten, et al. 2003). Im Vorfeld der Auswahl und Präsentation der gewählten Methoden ist daher eine wissenschaftstheoretische Einordnung und Positionierung dieser drei grundlegenden Positionen essenziell. Abbildung 3.2 zeigt die erkenntnistheoretischen Positionen nach Töpfer (2012, S. 108) und Kornmeier (2007, S. 31) und gibt einen differenzierten Überblick über zentrale Perspektiven in der Erkenntnistheorie. Die positivistische Perspektive, die stark empirisch geprägt ist, geht davon aus, dass die Realität objektiv messbar und unabhängig vom Beobachter existiert. Im Kontrast dazu steht die konstruktivistische Position, die Wissen als ein Produkt individueller und sozialer Konstruktionen betrachtet und betont, dass die Realität subjektiv interpretiert wird. Der kritische Realismus versucht eine Brücke zwischen diesen Extremen zu schlagen, indem eine objektive Realität anerkannt, jedoch die Grenzen menschlicher Wahrnehmung und Erkenntnis berücksichtigt werden.

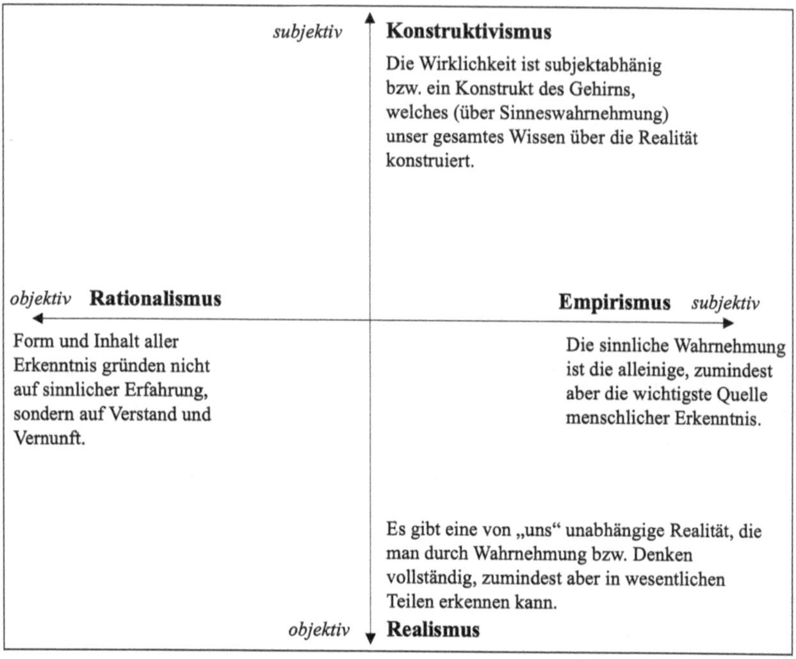

Abbildung 3.2 Erkenntnistheoretische Positionen nach Töpfer (2012, 108) und Kornmeier (2007, 31)

Zudem werden hermeneutische Ansätze thematisiert, die den Fokus auf das Verstehen und Interpretieren von Bedeutungen legen, insbesondere im sozialen und kulturellen Kontext (Becker, Holten, et al. 2003). Die Abbildung 3.2 verdeutlicht somit die Vielfalt erkenntnistheoretischer Perspektiven und ihre Bedeutung für die wissenschaftliche Methodik und Zielsetzung, da sie eine bewusste Reflexion der theoretischen Grundannahmen im Forschungsprozess erfordert (Töpfer 2012).

Die Dissertationsschrift folgt der erkenntnistheoretischen Position des kritischen Realismus. Dessen Sichtweise folgt der Annahme einer existierenden objektiven Realität. Dabei lassen sich Beobachtungen nicht zur Verifizierung von

Theorien heranziehen, jedoch zur Falsifizierung. Bei der Wahrnehmung, dem Verstehen sowie dem Messen der Realität erkennt die Position des kritischen Realismus an, dass die Erreichung vollständiger Objektivität nicht erreichbar ist (Ullrich 2011). Der Forschungsprozess zielt also auf einen möglichst objektiven Erkenntnisgewinn ab. Subjektive Einflüsse innerhalb der Untersuchungen, wie individuelle Erfahrungen, Wahrnehmungen oder kulturelle Einflüsse lassen sich jedoch nicht vollständig eliminieren. Die Messung eines vollständig objektiven Erkenntnisgewinns wird als hypothetisch angenommen und daher kritisch bewertet (Töpfer 2012, 108). Bell et. al (2022) beschreiben den kritischen Realismus als eine realistische Methodologie, die besagt, dass die Untersuchung der sozialen Welt sich mit der Identifikation der entsprechenden Strukturen befassen muss, die diese Welt hervorbringen. In Gänze ordnet sich der kritische Realismus im Spannungsfeld zwischen Objektivismus und dem Positivismus ein. Der Objektivismus ist eine ontologische Position, die behauptet, dass soziale Phänomene und ihre Bedeutungen eine von den sozialen Akteuren unabhängige Existenz haben (Bell, Bryman und Harley 2022). Der Positivismus ist eine erkenntnistheoretische Position, die die Anwendung der Methoden der Naturwissenschaften auf die Untersuchung der sozialen Wirklichkeit und darüber hinaus befürwortet. Der kritische Realismus ist „kritisch", weil dessen Ziel darin besteht, Strukturen zu identifizieren, um diese verändern zu können. Im Gegensatz zum Positivismus akzeptiert der kritische Realismus, dass die identifizierten Strukturen mit den Sinnen nicht wahrnehmbar sein können. Der Positivismus ist daher empiristisch, der kritische Realismus dagegen nicht (Bell, Bryman und Harley 2022).

Um die wissenschaftstheoretische Position spezifischer darzulegen, umfassen die folgenden Abschnitte die Einordnung und Positionierung aus wissenschaftstheoretischer Sicht, beginnend mit der epistemologischen Position.

3.1.1 Epistemologische Positionierung

Die Epistemologie beschäftigt sich mit den Möglichkeiten des menschlichen Erkenntnisgewinns (Becker, Niehaves, et al. 2009). Dabei liegt der Fokus auf der Erklärung, wie Erkenntnisse über Objekte erlangt werden können und wie diese zu Veränderungen in existierenden Vorstellungswelten führen (Becker, Holten, et al. 2013, 335). Die epistemologische Position des kritischen Realismus begründet sich auf dem Verständnis einer existierenden objektiven Realität. Allerdings wird der Annahme gefolgt, dass durch Beobachtungen eines Individuums keine Verifizierung von Theorien möglich ist. Es wird dem Ansatz der Falsifizierung von Hypothesen gefolgt (Ullrich 2011). Das vollständige Verstehen sowie die Messung dieser Realität werden hierbei verneint.

Für den Forschenden stellen sich in im Zusammenhang der epistemologischen Positionierung laut Becker et al. (2003) die folgenden drei Fragen, welche nachstehend für die wissenschaftliche Positionierung dieser Arbeit beantwortet werden.

a) *Wie entstehen Erkenntnisinhalte?*

Dem kritischen Realismus folgend, schließt sich diese Forschungsarbeit der Annahme an, dass es möglich ist die Realität wahrzunehmen und zu erfassen. Jedoch können diese Wahrnehmungen durch Täuschung oder Subjektivität verzerrt oder verändert sein. Daher lassen sich Hypothesen nicht bestätigen, sondern nur falsifizieren (Ullrich 2011). Im Generellen lassen sich also Erkenntnisse über die Wirklichkeit generieren. Dafür muss jedoch die Diskrepanz zwischen Wahrnehmung und Wirklichkeit objektiv erforscht werden.

Im Rahmen dieser Dissertationsschrift werden Erkenntnisse durch Beobachtung sowie Befragungen gewonnen. Dem Empirismus folgend werden in diesem Zusammenhang Erfahrungen aus Sinneseindrücken gewonnen. Im Kontrast dazu kann aber auch der Verstand eine Erkenntnisquelle darstellen. Erkenntnisse werden hierbei durch die Bemühung des Verstandes abgeleitet, was einem rationalistischen Vorgehen entspricht.

Erkenntnisse können aus Erfahrungen und dem Bemühen des Verstandes entstehen. Dabei ist keine dieser Möglichkeiten der anderen vorzuziehen. Vielmehr ergänzen sich Erfahrung und Verstand und ermöglichen es erst in gemeinsamer Anwendung, umfassende Erkenntnisse zu erzielen (Becker, Holten, et al. 2003, 6 f.).

b) *Auf welchem Weg gelangen wir zur Erkenntnis?*

Die Frage nach dem Weg zum Erkenntnisgewinn adressiert die methodologische Position. Beim induktiven Ansatz wird vom Einzelfall ausgehend eine allgemeingültige Erkenntnis gewonnen. Den konträren Ansatz stellt die Deduktion dar. Darunter ist die Ableitung des Einzelnen aus dem Allgemeinen zu verstehen (Becker, Holten, et al., Forschungsmethodische Positionierung in der Wirtschaftsinformatik: epistemologische, ontologische und linguistische Leitfragen 2003, 7). Der kritische Realismus zielt darauf ab, bestehende Strukturen zu identifizieren, um diese verändern zu können. Jedoch wird der Annahme gefolgt, dass diese

Strukturen mit den Sinnen allein nicht wahrnehmbar sind (Bell, Bryman und Harley 2022).

In dieser Dissertationsschrift werden sowohl induktive-, als auch deduktive Ansätze vereint eingesetzt, um Erkenntnisse zu erzielen. In der Mehrheit folgt die Forschungsarbeit jedoch einem induktiven Vorgehen. Dabei wurden zunächst Einzelfälle in der wissenschaftlichen Literatur identifiziert. Zusätzlich wurde ein Design Artefakt in Form eines Prototyps entwickelt. Dieser Prototyp umfasst ebenfalls einen Einzelfall im Bereich der Qualitätssicherung und Defekterkennung durch Computer Vision Anwendungen (Trinks und Felden 2019). Ausgehend davon wurde ein allgemein gültiges theoretisches Modell entwickelt und getestet, welches den Einfluss von CVS auf die Geschäftsmodelle von Unternehmen beschreibt. Der verwendete Mixed-Methods Forschungsansatz ermöglicht eine Kombination von deduktiven und induktiven Ansätzen (Bell, Bryman und Harley 2022, 551). Dadurch wird eine umfassende Betrachtung des Untersuchungsgegenstandes möglich.

c) *Wie ist das Verhältnis von Erkenntnis und Gegenstand?*

Der dritte Punkt, der laut Becker et al. (2003) im Rahmen der epistemologischen Positionierung Betrachtung finden muss, beinhaltet die Frage, ob die Wirklichkeit überhaupt objektiv erkannt werden kann. Der kritische Realismus akzeptiert, dass Strukturen der Wirklichkeit mit den Sinnen nicht vollumfänglich wahrnehmbar sind. Im Rahmen dieser Arbeit wird hierbei angenommen, dass die Wahrnehmung der Wirklichkeit immer durch Subjektivität gekennzeichnet ist. Es ist jedoch möglich, diese Subjektivität durch die Wahl und Anwendung der geeigneten Methoden zu minimieren, um sich einer Objektivität anzunähern.

3.1.2 Ontologische Positionierung

Die Ontologie befasst sich mit der Untersuchung des Seins und stellt in diesem Kontext die Fragen *„was ist"* und *„wie es ist"* (Becker, Holten, et al. 2003, 7). Dabei geht die philosophische Ontologieforschung zurück bis auf Aristoteles, welcher sich intensiv mit der Ordnung der seienden Dinge befasste (Hagengruber 2013, 422). In der wissenschaftlichen Diskussion im Feld der Informatik wurde der Begriff *Ontology* hingegen erstmalig im Jahr 1967 von Mealy verwendet (Mealy 1967, 525) (Hagengruber 2013, 418). Für die Forschenden stellt sich die Frage, ob bei den Untersuchungen von einer Realwelt ausgegangen wird, die unabhängig von den durch Menschen erzielten Erkenntnissen existiert (Becker, Holten, et al., Forschungsmethodische Positionierung in der Wirtschaftsinformatik: epistemologische, ontologische und linguistische Leitfragen 2003, 8). Diese wissenschaftliche Arbeit untersucht den Einfluss von CVS auf den Wertbeitrag und somit die Geschäftsmodelle von Unternehmen. In diesem Kontext wird, in Bezug auf den Erkenntnisgegenstand, eine real existierende Welt angenommen und somit die Position des ontologischen Realismus eingenommen. Abbildung 3.3 zeigt die Kombination der epistemologischen und der ontologischen Position im Rahmen dieser Arbeit.

		Epistemologische Position	
		Ein objektives Erkennen ist nicht möglich.	*Ein objektives Erkennen ist möglich.*
Ontologische Position	*Es gibt eine objektive Welt.*	**X**	
	Es gibt keine objektive Welt.		

Abbildung 3.3 Kombination ontologischer und epistemologischer Position dieser Forschungsarbeit nach Becker et al. (2003, 11)

Der ontologische Realismus als Grundannahme ermöglicht im Rahmen dieser Forschungsarbeit eine fundierte Analyse real existierender Phänomene in der Unternehmenspraxis. Dies ist insbesondere in der Wirtschaftsinformatik von Bedeutung, da sich die Disziplin mit der Gestaltung und Optimierung von Informationssystemen beschäftigt, die eng mit realen Geschäftsprozessen verknüpft sind. Die Fokussierung auf den Einfluss von CVS bietet dabei einen neuen Ansatzpunkt, um die Wechselwirkung zwischen technologischen Innovationen und unternehmerischen Wertschöpfungsmodellen zu verstehen.

Diese Arbeit leistet einen wissenschaftlichen Beitrag, indem neben theoretischen Implikationen auch praxisorientierte Handlungsempfehlungen für Unternehmen untersucht und entwickelt werden. Ziel ist es, durch die Integration von ontologischen und epistemologischen Erkenntnissen belastbare Grundlagen für strategische Entscheidungen zu schaffen. So trägt die Forschungsarbeit dazu bei, eine Brücke zwischen theoretischen Konzepten und deren praktischer Anwendung zu schlagen.

3.1.3 Linguistische Positionierung

Im Rahmen der linguistischen Positionierung steht die sprachliche Darstellung des Forschungsergebnisses im Fokus. Es existieren Wechselwirkungen sowie Abhängigkeiten zur epistemologischen- als auch zur ontologischen Position des Forschenden (Becker, Holten, et al. 2003, 9 f.). Damit die beiden genannten Positionen sowie mögliche entstandenen Artefakte sprachlich konsistent dargelegt werden können, schlagen Becker et. al (2003) die Beantwortung und Einordnung folgender Fragen vor:

a) *Welche Funktion hat Sprache im Rahmen von Denkvorgängen?*

Im Rahmen der wissenschaftlichen Positionierung dieser Arbeit, wird die Annahme vertreten, dass Sprache die Subjektivität erhöht und damit sehr wohl Einfluss auf Denkvorgänge nehmen kann. So können sprachliche Formulierung von Hypothesen bereits Schlussfolgerungen implizieren, die subjektabhängig unterschiedlich wahrgenommen werden (Kornmeier 2007). Töpfer et al. (2012) gibt an, dass wenn eine Erkenntnis subjektgebunden generiert wird, Sprachartefakten keine eindeutige subjektunabhängige Bedeutung erlangen können. Dieser Annahme folgt auch die Position dieser Arbeit.

b) *Wie erlangen Sprachartefakte Bedeutung?*

Sprachliche Artefakte unterliegen einer subjektgebundenen Wahrnehmung. Eine kritische Auseinandersetzung mit Artefakten ermöglicht jedoch eine Minderung der Subjektivität. In diesem Zusammenhang betont der Konstruktivismus die Bedeutung von Sprache und Kommunikation bei der Konstruktion von Wissen (Kornmeier 2007). Durch Kommunikation entstehen potenziell neue Objekte, die durch individuelle und subjektive Terminologie als wirklich erkannt werden können (Töpfer 2012). Die Diskussion zwischen multiplen Subjekten bieten daher das Potenzial Erkenntnisse zu generieren und dadurch den Wissensgewinn zu erhöhen. Die Subjektabhängigkeit von Sprache birgt das Risiko, dass wesentliche Erkenntnisse fehlinterpretiert oder verzerrt wahrgenommen werden.

So wird sichergestellt, dass die dargestellten Ergebnisse möglichst objektiv und intersubjektiv nachvollziehbar sind.

c) *Ermöglicht Sprache intersubjektive Verständigung?*

Die intersubjektive Verständigung wird durch Sprache unterstützt. Voraussetzung dafür ist jedoch, dass die beteiligten Subjekte ein übereinstimmendes Verständnis hinsichtlich der Bedeutung der vorliegenden Sprachartefakten teilen. Hierbei folgt diese Dissertationsschrift dem konstruktivistischen Ansatz, welcher der Annahme folgt, dass die Entstehung von Wissen auf der sozialen Interaktion und Diskussion zwischen Subjekten fußt (Kornmeier 2007). Die linguistische Positionierung dieser wissenschaftlichen Arbeiten führt zu umfassenden Implikationen, sowohl auf die Qualität der Forschungsergebnisse als auch auf deren Rezeption durch die wissenschaftliche Gemeinschaft. Die sprachliche Konsistenz und Präzision sind hierbei entscheidend, um die epistemologischen und ontologischen Positionen klar darzulegen und ein Verständnis über die Grenzen der eigenen Forschung hinaus zu ermöglichen.

Abschließend sei betont, dass die linguistische Positionierung nicht isoliert betrachtet werden kann. Sie steht in einer engen Wechselwirkung mit epistemologischen und ontologischen Überzeugungen und beeinflusst maßgeblich, wie Forschungsergebnisse generiert, kommuniziert und wahrgenommen werden (Becker, Holten, et al. 2003, 9 f.). Durch die bewusste Integration dieser Perspektive in die Forschungsarbeit wird ein Beitrag zur Methodentransparenz und wissenschaftlichen Nachvollziehbarkeit geleistet.

3.2 Positionierung der Forschungsziele

Die vorgenommene wissenschaftstheoretischen Positionierung stellt den Ausgangspunkt und somit den Blickwinkel dar, von welchem und in welcher Art und Weise der Untersuchungsgegenstand betrachtet wird. Um dies zu konkretisieren und um anschließend eine geeignete Forschungsmethode wählen zu können, ist die Positionierung der Forschungsziele essenziell. Speziell im Spannungsfeld der Wirtschaftsinformatik ist dabei zwischen Erkenntnis- und Gestaltungszielen zu unterscheiden. Becker et al. (2003) definieren diese beiden Zielarten wie folgt:

- *„**Erkenntnisziele*** bezeichnen den Wunsch des Verständnisses gegebener Sachverhalte, der sich häufig darin manifestiert, fundierte Prognosen über ihre Veränderung machen zu können."

- „***Gestaltungsziele*** betreffen die Gestaltung bzw. Veränderung bestehender und damit die Schaffung neuer Sachverhalte, wobei auf die Ergebnisse der erkenntniszielgeleiteten Forschung zurückgegriffen werden kann."

Becker et al. (2003) unterscheiden zudem zwischen den Schwerpunkten in den Bereichen des methodischen sowie des inhaltlich funktionalen Auftrags. Diese werden von den Autoren wie folgt definiert:

- „Der ***methodische Auftrag*** umfasst das Verständnis und die Entwicklung von Methoden und Techniken zur Beschreibung, Entwicklung, Einführung und Nutzung von Informationssystemen."
- „Der ***inhaltlich-funktionale Auftrag*** befasst sich mit dem Verständnis und der Gestaltung von Informationssystemen für betriebswirtschaftliche Branchen (Handel, Banken, öffentliche Verwaltungen etc.)."

Diese Arbeit orientiert sich an den von Becker et al. (2003) definierten Zielarten und Aufträgen und definiert diese für den vorliegenden Untersuchungsgegenstand in folgender Form. Das **Erkenntnisziel** dieser Dissertation besteht in der Generierung eines Verständnisses des Einflusses von CVS auf Unternehmen. Dabei steht die Identifikation von Variablen und Faktoren im Fokus, welche den Effekt auf den Wertbeitrag durch genannte Systeme maßgeblich beeinflussen. Das **Gestaltungsziel** der Dissertation besteht in der Entwicklung von Gestaltungsempfehlungen für die Einführung von CVS für Unternehmen.

3.3 Forschungsdesign und methodisches Gesamtbild

Nach der wissenschaftstheoretischen Positionierung sowie der Entwicklung und Darstellung des Forschungsstandes ist eine Beschreibung des wissenschaftlichen Designs wie der verwendeten Methodik unerlässlich. Dabei orientiert sich das grundsätzliche Vorgehen an der Einteilung nach Töpfer (Erfolgreich Forschen: Ein Leitfaden für Bachelor-, Master-Studierende und Doktoranden 2012), welches in Abbildung 3.4 dargestellt ist. Töpfer unterscheidet die vier Designarten Untersuchungsdesign, Forschungsdesign, Prüfungsdesign und Gestaltungsdesign, welche in Interaktion stehen.

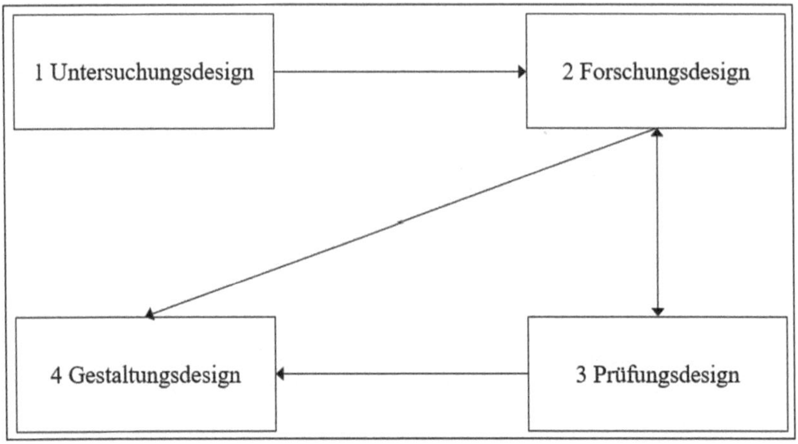

Abbildung 3.4 Die vier Designarten nach Töpfer (2012, 147)

Das Untersuchungsdesign umfasst die Vorgehensweise, mit welcher die wissenschaftlichen Erkenntnisse gewonnen werden sollen. Das Forschungsdesign zeichnet den Gegenstand, welcher durch die Forschung erklärt oder erkannt werden soll. Das Prüfungsdesign umreist die Erhebung, Auswertung sowie die Hypothesentests und geht der Frage nach, was in der durchgeführten Forschung analysiert werden soll. Der vierte Bereich ist das Gestaltungsdesign. Hierbei handelt es sich um das Spannungsfeld der Umsetzung der gewonnenen Erkenntnisse (Töpfer 2012, 147). Der Fokus dieser Dissertationsschrift liegt auf dem Erkenntnisgewinn und zielt daher auf den Einfluss von CVS auf den Wertbeitrag von Unternehmen zu untersuchen ab. Um diese Ursache-Wirkungs-Beziehung zu beleuchten, folgt diese Arbeit der Annahme von Töpfer (2012, 77 f.), dass Erkenntnisse sowohl durch Theorie als auch durch Technologie erarbeitet werden können. Diesem Verständnis folgend, wurde zum einen ein Prototyp als Design Science Artefakt entwickelt und zum anderen ein theoretisches Modell mittels eines empirischen Forschungsansatzes untersucht. Wie die Abbildung 3.5 aufzeigt, ist hierfür ein übergeordnetes Werturteil von Nöten, welches für diese Arbeit innerhalb der wissenschaftstheoretischen Einordnung dargestellt ist. Die Voraussetzungen für den Erkenntnisgewinn wurden mittels multipler Literaturanalyse erarbeitet. So wurden Definitionen und Klassifikationen in den Bereichen Real Time Analytics (RTA), Image Mining und Computer Vision analysiert und zum Zwecke dieser Forschung präzisiert und fokussiert, wodurch diese als Basis für die aufgestellten hypothetischen Konstrukte dienen konnten.

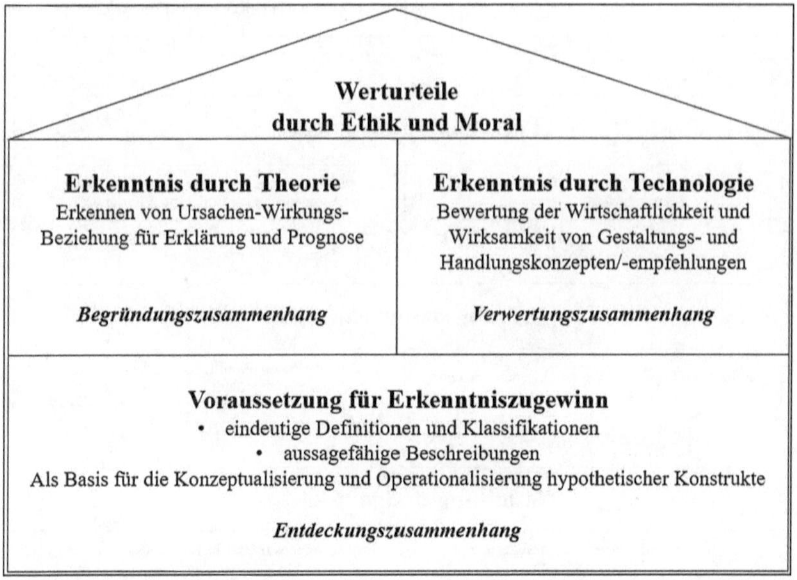

Abbildung 3.5 Erkenntniszugewinn durch Theorie und Technologie nach Töpfer (2012, 78)

In den folgenden Abschnitten werden die vier Designarten, welche im Rahmen dieser Arbeit entwickelt wurden, dargestellt. Das Vorgehen orientiert sich hierbei ebenfalls an Töpfer (2012, 149). Die Reihenfolge der Entwicklung sowie deren Aufgabenschwerpunkte sind in Abbildung 3.6 dargestellt.

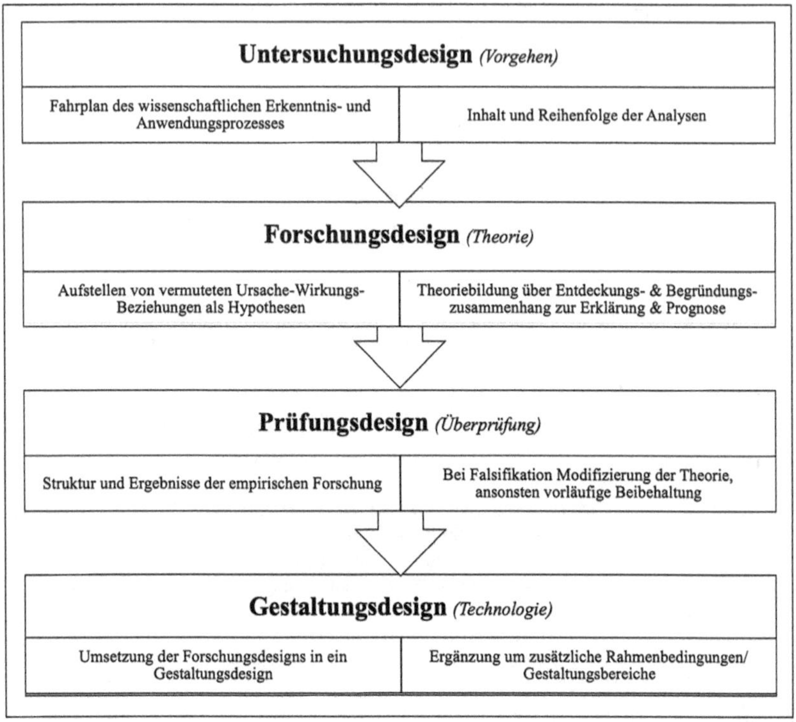

Abbildung 3.6 Ablauf und Aufgabenschwerpunkte der vier Designarten nach Töpfer (2012, 149)

Diesem Ablauf folgend werden die vier Designarten im Bezug zum Untersuchungsgegenstand dieser Arbeit in den folgenden Abschnitten dargestellt.

3.3.1 Untersuchungsdesign

Basierend auf dem entwickelten Forschungsrahmen und der wissenschaftstheoretischen Einordung wurde das Untersuchungsdesign dieser Dissertationsschrift entwickelt. Es folgt der Annahme von Töpfer (2012), dass Erkenntnis zum einen durch Theorie und zum anderen durch Technologie gewonnen wird. Ersteres stellt hierbei den Begründungszusammenhang dar, welches im Rahmen dieser Dissertationsschrift mittels der Entwicklung und Evaluation eines theoretischen Modells vorgenommen wurden. Den Verwertungszusammenhang stellt der zweite Punkt dar und wurde mittels der Entwicklung eines Design Artefakts adressiert. Das gesamte Untersuchungsdesign ist der Abbildung 3.7 zu entnehmen.

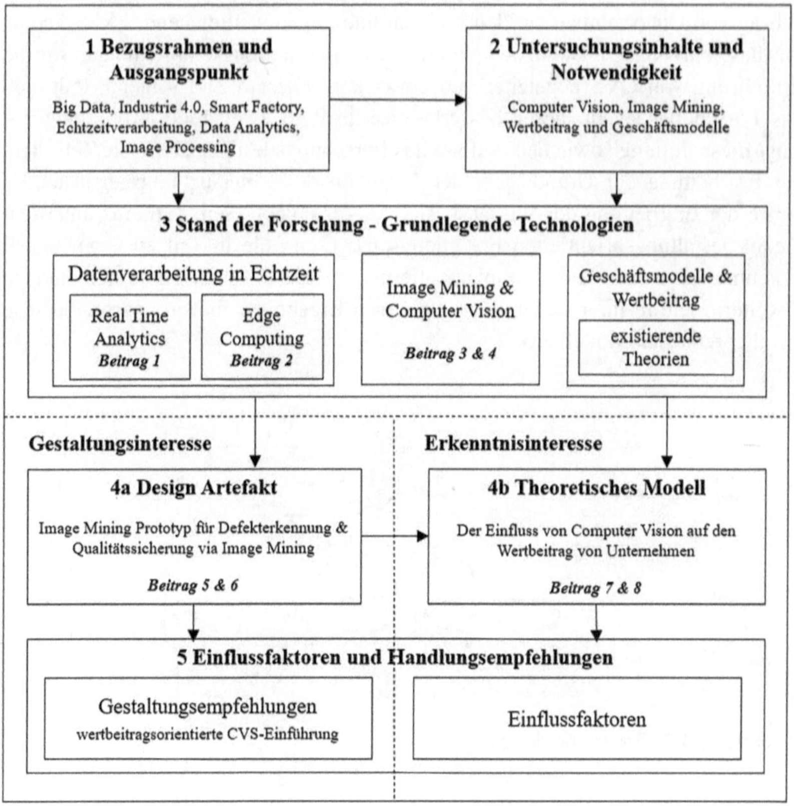

Abbildung 3.7 Untersuchungsdesign der Dissertationsschrift

In der Abbildung sind zudem die Publikationen referenziert, welche im Rahmen dieser Forschung veröffentlicht wurden. Aufbauend auf dem dargestellten Untersuchungsdesign wurde anschließend das Forschungsdesign entwickelt, welches im folgenden Abschnitt beschrieben ist.

3.3.2 Forschungsdesign

Das Forschungsdesign einer wissenschaftlichen Arbeit definiert den Gegenstand, der im Rahmen der Untersuchung analysiert und verstanden werden soll (Töpfer 2012, 147). Innerhalb dieser Arbeit wurde das Forschungsdesign konzipiert, um das aufgestellte Erkenntnis- sowie Gestaltungsziel zu erreichen. Es wurde entwickelt, um Zusammenhänge und Einflussfaktoren von CVS auf den Wertbeitrag von Unternehmen zu identifizieren und ein so weitreichendes Verständnis für diese aufzubauen. Daraus wiederum wurden Gestaltungsempfehlungen für die Einführung von CVS abgeleitet und entwickelt. Diesem Ziel folgend, teilt sich das Forschungsdesign dieser Dissertationsschrift in zwei Teile. Abbildung 3.8 zeigt diese Teilung sowie den Aufbau des Forschungsdesigns. Der erste Teil dient der Erarbeitung der Grundlagen, der Präzision des Untersuchungsgegenstandes sowie der Erarbeitung der Wissensbasis und der Hypothesen. Teil eins unterliegt einem gestaltungsorientierten Forschungsansatz, um die in Teil zwei gewonnen Erkenntnisse durch dessen Implementierung in ein Artefakt zu prüfen und zu erweitern. Die in ihrer Gesamtheit gewonnen Ergebnisse fließen anschließend in ein theoretisches Modell ein.

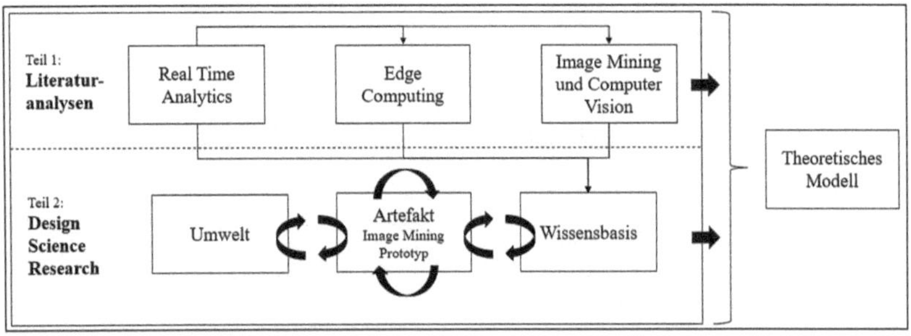

Abbildung 3.8 Forschungsdesign

Der erste Teil der Arbeit widmet sich dem Ziel, den aktuellen Stand der wissenschaftlichen Diskussion zu analysieren. Zu diesem Zweck wurden verschiedene strukturierte Literaturanalysen durchgeführt. Aufgrund der interdisziplinären Natur des betrachteten Themenspektrums, das verschiedene Bereiche wie Netzwerke, analytische Bildverarbeitung, Echtzeitausführung und wirtschaftliche Aspekte wie den Wertbeitrag umfasst, war es erforderlich, mehrere spezialisierte

Literaturstudien durchzuführen. Da die betrachtete Forschungslücke dieser Dissertation die analytische Verarbeitung von Bilddaten umfasst, wurde zudem der aktuelle Forschungsstand der zugrundeliegenden Konzepte Image Mining und Computer Vision analysiert. Eine Ausführung einer möglichst geringen Latenz wird hierbei durch die Methoden von Real Time Analytics (RTA) möglich. Um Daten und im speziellen Bilddaten im industriellen Umfeld in Echtzeit zu verarbeiten, benötigt es Netzwerkarchitekturen, welche den Transfer dieser mit einer minimalen Latenz durchführen können. In diesem Kontext wurde die Netzwerkarchitektur des Edge Computing identifiziert und ebenfalls innerhalb einer Literaturanalyse hinsichtlich der Problemstellung analysiert.

Diese durchgeführten Analysen bilden in ihrer Gesamtheit die Grundlage für die vorliegende Forschung. Da es sich um ein neuartiges Forschungsfeld handelt, ist die Ausgangssituation hinsichtlich der betrachten Problemstellung in der wissenschaftlichen Diskussion bislang nicht umfassend aufgearbeitet. Um zusätzliche Aspekte und Einflussfaktoren systematisch zu identifizieren, stellte sich ein gestaltungsorientierter Forschungsansatz als passgenaue Ergänzung heraus. Der zweite Teil des Forschungsdesigns unterliegt daher einem Design Science Ansatz. Dieser unterliegt dem Zweck der Entwicklung eines Artefakts, welche zur Identifikation weiterer Einflussfaktoren und Beziehungen hinsichtlich des Einflusses von CVS auf den Wertbeitrag von Organisationen führte. Hierbei wurde als Artefakt ein konzeptioneller Prototyp entwickelt, der das Ziel der Fehlererkennung und Qualitätssicherung in der additiven Fertigung verfolgte. Die dabei generierten Erkenntnisse bildeten die Grundlage für die Entwickelung eines theoretischen Models. Dieses wiederum zielt darauf ab, die vorhandene Forschungslücke durch die Beschreibung von Einflussfaktoren und Zusammenhängen zu adressieren. Zur Entwicklung der Hypothesen sowie zur Beschreibung der Ursache-Wirkung-Zusammenhänge wurden dafür bestehende Theorien aus der Literatur analysiert, verwendet und im Rahmen des Prüfungsdesigns mittels eines Mixed-Methods untersucht.

3.3.2.1 Literaturanalysen

Mit dem Ziel der Präzisierung und Schärfung des Forschungsgegenstandes wurden im Rahmen der Dissertationsschrift multiple strukturierte Literaturanalysen durchgeführt. Diese orientierten sich jeweils an dem Vorgehen nach Cooper (1988). Die Wahl der Methode begründet sich in der Möglichkeit einer umfassenden Untersuchung der wissenschaftlichen Literatur, welche neben der Zusammenfassung des aktuellen Forschungsstandes auch auf die Identifikation von Forschungslücken abzielt. So ermöglicht nicht zuletzt die hohe Reproduzierbarkeit die Basis für die Entwicklung von Hypothesen. Folgt man dem vorgeschlagenen strukturierten Vorgehen, so sind im ersten Schritt einer jeder Literaturanalyse Primärstudien mit ähnlichen Themen und Forschungszielen zu untersuchen. Der gesamte Ansatz von Cooper (1988) folgt fünf Schritten:

1. Problementwicklung
2. Datensammlung
3. Datenauswertung
4. Datenanalyse und Dateninterpretation
5. Präsentation der Ergebnisse

Eine Übersicht der innerhalb dieser Arbeit durchgeführten Literaturanalysen ist in der Tabelle 3.1 einsehbar.

Tabelle 3.1 Übersicht durchgeführter Literaturanalysen

Titel Beitrag	Abschnitt Dissertation	Untersuchte wissenschaftliche Datenbanken	Anzahl initiale Publikationen	Anzahl analysierter Publikationen
A classification of real time analytics methods. an outlook for the use within the smart factory	4.1.1.1 (Seite 62)	IEEE Xplore; ACM dL; Springer Link	8800 (316)	72
Edge Computing architecture to support Real Time Analytics applications	4.1.1.2 (Seite 63)	IEEE Xplore;ACM dL; Springer Link; Science Direct	2768 (51)	38
A differentiation between the concepts of Image Mining and Computer Vision	4.1.2.1 (Seite 66)	IEEE Xplore; Springer Link	288418 (349)	245
Real Time Quality Assurance and Defect Detection in Industry 4.0	4.1.2.2 (Seite 66)	IEEE Xplore; ACM dL; AIS eLibrary; Science Direct	23280 (135)	33
Einfluss von Computer Vision auf Geschäftsmodelle	4.2 (Seite 67)	Scopus; Springer Link; AIS eLibrary	19700 (112)	71

Eine detaillierte Beschreibung des methodischen Vorgehens, der Besonderheiten und Details sind in den einzelnen veröffentlichten Beiträgen enthalten (siehe Kapitel 4). Die gewonnenen Erkenntnisse aus den Literaturanalysen bilden im Rahmen dieser Arbeit das Fundament der durchgeführten Forschung. Die gewonnenen Erkenntnisse verlangen aufgrund der methodischen Limitierungen das betrachtete Phänomen mit weiteren wissenschaftlichen Methoden zu beleuchten. Auf diese Weise können Limitierungen wie Untersuchungslücken, beispielsweise durch Zugangsbeschränkungen, oder eine unvollständige Betrachtung in der bestehenden Literatur abgemildert werden. Der betrachtete Forschungsbericht weist eine hohe Dynamik auf. So können neue Konzepte oder Technologien die Relevanz der untersuchten wissenschaftlichen Literatur verringern (H. M. Cooper 1988). Um diesen Limitierungen entgegenzuwirken, wurde im Anschluss an die Literaturstudien ein Design Science Ansatz gewählt, um die Betrachtung des Forschungsgegenstandes um eine weitere Perspektive zu ergänzen.

3.3.2.2 Design Science Research

Aufbauend auf den durchgeführten Literaturanalysen wurde mittels eines gestaltungsorientierten Forschungsansatzes (engl. Design Science Research) ein Artefakt in Form eines Prototyps entwickelt. Dieses Vorgehen folgt dem Zweck, Erkenntnis durch Technologie zu generieren, um dadurch einen Verwertungszusammenhang darzustellen. Das Vorgehen folgt dabei dem von Töpfer (2012) präsentierten Ansatz zum Erkenntniszugewinn, welcher in Abbildung 3.5 auf Seite 32 dargestellt ist. Die Entwicklung des Artefakts mittels eines gestaltungsorientierten Ansatzes orientiert sich dabei an dem Forschungsansatz nach Hevner und Chatterjee (2010). Der beschriebene Ansatz fußt einerseits auf der Wissensbasis und andererseits auf der Umwelt des definierten Anwendungsfalles. Die Wahl dieser Forschungsmethodik begründet sich in der im Untersuchungsfeld notwendigen Anwendungsorientierung, die gleichzeitig einen Beitrag zur wissenschaftlichen Diskussion liefert. So wird die Wissensbasis für diese Arbeit durch die vorgenommenen Literaturanalysen gebildet und findet anschließend Anwendung in der definierten Umwelt. Diese ist im Rahmen dieser Forschung durch das Spannungsfeld des Untersuchungsgegenstandes begrenzt. Dieser wiederum befindet sich im Bereich der additiven Fertigung und der Smart Factory. Die Abbildung 3.9 illustriert das Gesamtvorgehen zur Entwicklung des Image Mining Prototyps als Design Artefakt.

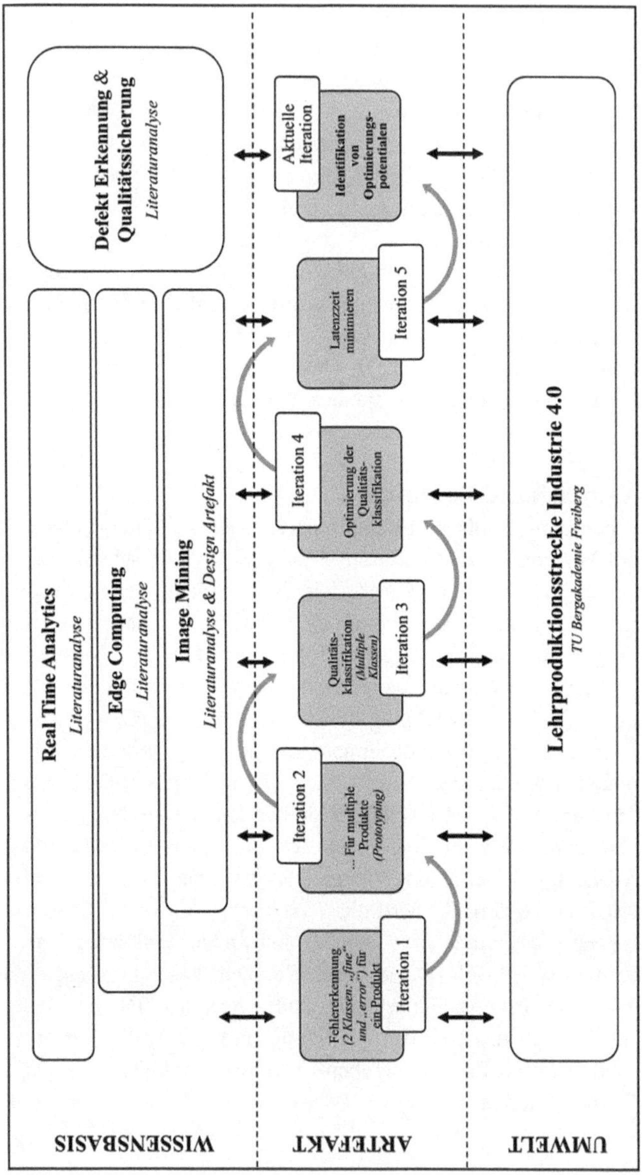

Abbildung 3.9 Anwendung des Design Science Ansatzes nach Hevner und Chatterjee (2010) zur Entwicklung des Artefakts

Die Entwicklung wurde in sechs Iterationen ausgeführt. In jeder dieser Iterationen wurden Elemente und Einflüsse aus der Wissensbasis, welche aus den durchgeführten Literaturanalysen entstand und der Umwelt in das Artefakt integriert. Dieses Vorgehen mündete in einem Prototyp zur Defekterkennung und Qualitätssicherung in der Fertigung. Auf diese Weise konnten neue Erkenntnisse über Einflussfaktoren und deren Zusammenhänge gewonnen werden, welche im Anschluss in die Entwicklung des theoretischen Modells eingeflossen sind. Zur Prüfung und Weiterentwicklung des generierten Modells wurde ein empirischer Mixed Methods Forschungsansatz gewählt, um die Limitierungen der gestaltungsorientierten Forschung zu mildern. Hevner und Chatterjee (2010) betonen das Erfordernis, sowohl wissenschaftliche Strenge als auch praktische Relevanz bei der Anwendung des Design Science Ansatzes zu gewährleisten. Durch subjektive Einflüsse von Stakeholder oder Forscher, kann jedoch eine stärkere Praxisorientierung entstehen. Um dem entgegenzuwirken, wurde im weiteren Ablauf der Forschung empirische Methoden zu weiterer Untersuchung angewandt. Das Ziel dieses Vorgehens besteht in der Prüfung der Ergebnisse auf Generalisierbarkeit und zudem einen Beitrag zur Erhöhung dieser zu leisten. Dafür wurden die gewonnenen Erkenntnisse in ein theoretisches Modell transferiert. Dies stellt das Bindeglied zwischen dem Forschungs- und Prüfungsdesign dar.

3.3.3 Prüfungsdesign

Das Prüfungsdesign umfasst die Erhebung von Daten und Informationen sowie deren Auswertung. Theoretisch erarbeitetes Wissen, welches im Forschungsprozess in Form eines Modells aus der Literatur abgeleitet wurde, wird an Phänomenen in der Realität geprüft. Dafür aufgestellte Hypothesen gilt es in diesem Zusammenhang zu überprüfen und zu falsifizieren (Töpfer 2012). Dies wurde im Rahmen der Dissertationsschrift mittels qualitativer und quantitativer Methoden durchgeführt. Zur Prüfung des entwickelten theoretischen Modells wird ein sequenzieller Mixed-Methods-Forschungsansatz angewandt. Dabei kam ein Vertiefungsdesign zur Anwendung. Das heißt, das entwickelte theoretische Modell wurde zunächst mittels eines qualitativen Forschungsansatzes evaluiert und explorativ im Hinblick auf weitere Einflussfaktoren und Variablen untersucht.

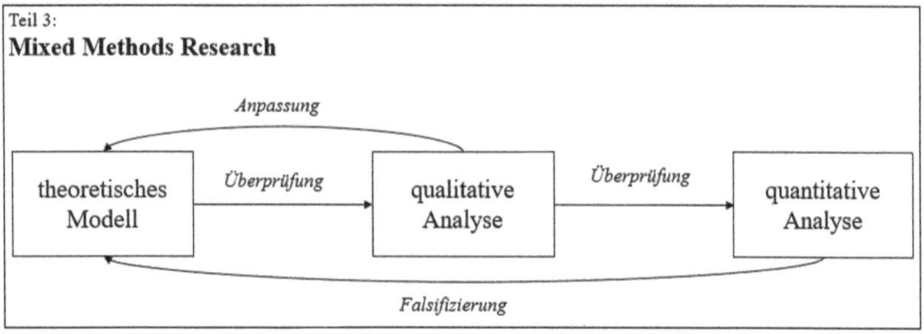

Abbildung 3.10 Prüfungsdesign

Dies führte zu Anpassungen im Modell, welches anschließend mittels eines quantitativen Forschungsansatzes geprüft wurde. Das Prüfungsdesign ist der Abbildung 3.10 zu entnehmen. Aufgrund der Komplexität der angesprochenen Ursache-Wirkungs-Beziehung im betrachteten Forschungsfeld ist ein Mixed-Methods-Ansatz, welcher eine Fragestellung aus verschiedenen Blickrichtungen betrachten kann, gut geeignet. Das mehrphasige Design, das Daten mit qualitativen und quantitativen Ansätzen erhebt, bietet verschiedene Perspektiven auf den Untersuchungsgegenstand (Kuckartz 2014). In den folgenden Abschnitten wird das exakte methodische Vorgehen der drei Teile dieser Dissertation beschrieben.

3.3.3.1 Mixed-Methods Forschungsansatz

Um den Untersuchungsgegenstand zu erfassen und zu analysieren, wurde ein sequenzieller Mixed-Methods Forschungsansatz gewählt, welcher in Abbildung 3.11 einzusehen ist. Mixed-Methods benennt die Verknüpfung von qualitativen und quantitativen Forschungsmethoden in einem wissenschaftlichen Design (Kelle 2014). Die Kombination von quantitativen und qualitativen Methoden wird in dieser Forschungsarbeit eingesetzt, um die jeweiligen Stärken und Vorteile der beiden Ansätze im Hinblick auf den Untersuchungsgegenstand zu nutzen.

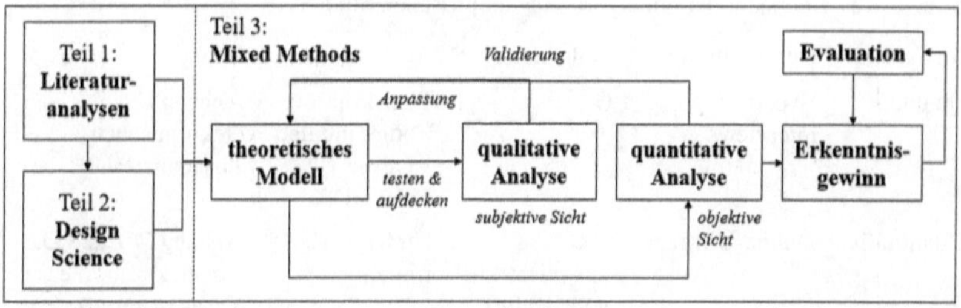

Abbildung 3.11 Sequenzieller Mixed-Methods-Forschungsansatz, inspiriert von Kuckartz (2014)

Während qualitative Methoden auf die Generierung eins initialen Verständnisses sowie die Aufdeckung von Details abzielen, ermöglichen quantitative Methoden die Erzeugung eins generellen Verständnisses. Durch die Kombination beider Ansätze lässt sich ein umfassenderes Bild des Forschungsgegenstandes erhalten (Bell, Bryman und Harley 2022). Die qualitativen Daten wurden im Rahmen dieser Forschung mittels halbstrukturierter Experteninterviews erhoben. Die gewonnenen Ergebnisse führten zu einer Anpassung des Modells, das mit Hilfe eines quantitativen Forschungsansatzes auf Falsifikation geprüft wurde. Aufgrund der Komplexität der angesprochenen Ursache-Wirkungs-Beziehung im betrachteten Forschungsfeld weist ein Mixed-Methods-Ansatz eine hohe Eignung auf. Dabei wurden die Vorteile des Mixed-Methods Ansatzes im Hinblick auf Flexibilität und Anpassungsfähigkeit genutzt, um erzielte Ergebnisse zu sichern und deren Einfluss zu verstehen. Das mehrphasige Design, das Daten mit qualitativen und quantitativen Methoden erhebt, bietet verschiedene Perspektiven auf den Untersuchungsgegenstand (Kuckartz 2014). Während die Erhebung der qualitativen Daten einen explorativen Charakter aufweist und es dadurch ermöglicht, Zusammenhänge und Variablen zu erkennen und zu verstehen, so zielt die quantitative Analyse auf die Falsifizierung der entwickelten Hypothese ab.

Zudem ermöglich die Wahl der gemischten Methodik, den Untersuchungsgegenstand mittels verschiedener wissenschaftstheoretischer Blickwinkel zu betrachten und somit das Ergebnis aufzuwerten (Bell, Bryman und Harley 2022, 554). Tabelle 3.2 enthält eine Übersicht hinsichtlich Art und Umfang der Studiendurchführung. Die folgenden Abschnitte enthalten eine detaillierte Beschreibung der Ausführung der einzelnen Studien beginnend mit der qualitativen Analyse.

Tabelle 3.2 Übersicht der durchgeführten empirischen Studien

Analyseart	Durchführung	Teilnehmer	Analyse	Daten
Qualitativ	Experten interviews	6	Transkription, Codierung und Analyse via MAXQDA	Anhang C (im elektronischen Zusatzmaterial)
Quantitativ	Online-Umfrage	300 (188 teilweise; 112 vollständig)	Umfrage via LimeSurvey	Anhang D.1 und D.2 (im elektronischen Zusatzmaterial)
Evaluation	Online-Umfrage	103 (32 teilweise; 71 vollständig)	Umfrage via LimeSurvey	Anhang D.3 (im elektronischen Zusatzmaterial)

3.3.3.2 Qualitative Analyse

Bell et. al (2022, 361) benennt die qualitative Analyse als einen induktiven, konstruktivistischen und interpretierenden Forschungsansatz. Im Rahmen der Dissertationsschrift wurde auf der Grundlage der Ergebnisse aus der Literatur ein theoretisches Modell abgeleitet, das die Ursache-Wirkungs-Beziehungen beschreibt. Der gewählte Ansatz beinhaltet die Durchführung und Auswertung von halbstrukturierten Experteninterviews. Experten sind innerhalb dieser Untersuchung Personen, welche über mehrjährige Erfahrung im Bereich Computer Vision in einem Unternehmen verfügen. Dabei kann die aufgebaute Expertise sowohl fachlicher als auch technischer Natur sein. Neben der Überprüfung des entwickelten Modells verfolgte die qualitative Studie das Ziel, weitere Variablen und Zusammenhänge zu erforschen und zu identifizieren.

Die Experten stammen aus unterschiedlichen Organisationen und Branchen, deren Auflistung in Tabelle 3.3 dargestellt ist. Die Experteninterviews wurden aufgezeichnet und transkribiert. Während des Forschungsprozesses wurden qualitative Daten generiert, die alle Arten von nicht-numerischen und unstrukturierten Daten beschreiben (Kuckartz und Rädiker 2019). Diese Daten wurden mit Hilfe des Tools MAXQDA codiert und analysiert. Ein limitierender Faktor stellt bei einem qualitativen Forschungsansatz die Anzahl der teilnehmenden Experten dar. Eine experimentelle Verzerrung durch subjektive Aussagen ist bei diesem Vorgehen nicht auszuschließen. So liegen am Ende der Methodenanwendung keine generalisierbaren Daten und Erkenntnisse vor. Jedoch bieten die gewonnenen Erkenntnisse Anhaltspunkte, welche durch die Anwendung weiterer Methoden überprüfbar sind. Diesem Ziel folgend wurde im Rahmen des Mixed-Methods Ansatzes eine quantitative Analyse durchgeführt.

Tabelle 3.3 Teilnehmende Experten an den Experteninterviews

ID	Position	Branche	Unternehmensgröße *(Anzahl Mitarbeiter)*	Erfahrung *in Jahren*
PM1	Project Manager Digitalization	Automotive	>200,000	~5
CE1	Computer Vision Engineer	Automotive	>200,000	> 5
PM2	Project Manager Data Scientist	Automotive	>20,000 < 200,000	~5
LE1	Lead Engineer Image Processing	Engineering	>20,000 < 200,000	~6
PM3	Project Manager Data Science	Airline	>20,000 < 200000	~4
RS1	Deep Learning Researcher	Science	<1,000	~3

3.3.3.3 Quantitative Analyse

Im Kontrast zum qualitativen- stellt der quantitative Ansatz einen deduktiven Forschungsansatz dar, der den Fokus auf die Erhebung numerischer Daten legt (Bell, Bryman und Harley 2022, 166). Diese Kombination der verschiedenen Ansätze und Blickwinkel ermöglicht es, den Untersuchungsgegenstand umfassend zu beleuchten. Zu diesem Zweck wurden die gewonnenen Ergebnisse mit einem quantitativen Forschungsansatz ausgewertet. Es wurde eine Umfrage mit 22 Fragen entworfen, um die aufgedeckten Variablenbeziehungen zu erfragen. Die Fragen unterteilen sich in sechs Kategorien, wie in Tabelle 3.4 dargestellt. Für die technische Umsetzung der Befragung in deutscher und englischer Sprache wurde das Tool Limesurvey verwendet. Nach der Erstellung des Fragebogens wurden zunächst ein Pre-Test und ein Test des Fragebogens durchgeführt. Wodurch alle notwendigen Funktionalitäten geprüft wurden. Zudem wurde eine Abfrage des Expertenstatus nach dem Test in den Online Fragebogen integriert. Als Mindestanforderung an einen Computer Vision Experten wurden Fachkenntnisse im Bereich Computer Vision sowie eine mehrjährige Erfahrung im Umgang mit CVS vorausgesetzt. Diese Voraussetzungen sind analog zur quantitativen Analyse.

Tabelle 3.4 Fragekategorien der durchgeführten Online-Umfrage

ID	Beschreibung	Ziel	Fragen	Skala
P	Angaben zur Person	Testen des Expertenstatus der Teilnehmer	5	Einfachauswahl
O	Angaben zum Unternehmen	Einordnen des Unternehmens	2	Einfachauswahl
TC	Technologie	Testen der eingesetzten Technologien	4	Mehrfachauswahl
AC	Anwendungsfall	Testen der implementierten Computer Vision Anwendungsfälle	4	Mehrfachauswahl
PO	Einfluss auf die Performance	Testen des Einflusses von CVS auf die abhängigen Variablen.	4	5-Punkte Likert Skala
BM	Einfluss auf das Geschäftsmodell	Testen des Einflusses von CVS auf das Wertversprechen und Geschäftsmodell	3	5-Punkte Likert Skala

Die Experten wurden über Interessengruppen in den Social Media Tools LinkedIn, Xing und Facebook adressiert. Eine Übersicht über die verwendeten Social-Media-Expertengruppen ist im Anhang D.2.1 im elektronischen Zusatzmaterial einzusehen. Da nicht garantiert werden kann, dass sich nur Bildverarbeitungsexperten in den Gruppen befinden, wurde die Expertise der Teilnehmer im Fragebogen abgefragt. Insgesamt wurden 300 Fragebögen ausgefüllt (vollständig: 112; teilweise: 188). Insgesamt 29 Teilnehmer, die die Fragebögen ausfüllten, machten keine ausreichenden Angaben zum Fachwissen. Das Fachwissen wurde im Fragebogen innerhalb der Fragekategorie P (siehe Tabelle 3.4) abgefragt.

Einen limitierenden Faktor stellt bei der Anwendung eines qualitativen Forschungsansatzes das Forscherbias dar. Die Dateninterpretation wird hierbei durch die Perspektive, die Erfahrungen und die Expertise des Forschers beeinflusst, wodurch potenzielle Verzerrungen entstehen können. Diese Limitierung wurde im Rahmen dieser Arbeit durch eine Vielzahl an Konferenzbeiträgen und der Diskussion sowie dem Austausch mit anderen Forschenden gemildert. Neben dem Forscherbias, ist jedoch auch ein Teilnehmerbias nicht auszuschließen. Teilnehmer können ihre Antworten bewusst oder unbewusst anpassen, was wiederum einen Einfluss auf die Ergebnisse haben kann. Um wiederum hierfür eine Abmilderung zu schaffen, wurde eine ebenfalls quantitative Evaluationsstudie mit neuen Teilnehmern durchgeführt.

3.3.3.4 Evaluation der Ergebnisse

Dem Ziel folgend, die erzielten Ergebnisse auf ihre Validität, Generalisierbarkeit sowie mögliche Verzerrungen oder Fehler zu prüfen, wurde eine weitere quantitative Studie durchgeführt. Die Evaluationsstudie adressierte nicht ausschließlich fachliche- sowie technische Experten aus dem Bereich von Computer Vision. Voraussetzung für die Teilnahme an der Online Umfrage war der Einsatz eines CVS im Unternehmen der Teilnehmerinnen und Teilnehmer. Dadurch wird eine mögliche Verzerrung durch die Expertise der Teilnehmer eliminiert. Des Weiteren wurde die Zahl der Fragen auf zwölf Kernfragen reduziert. Die Tabelle 3.5 zeigt die vier Kategorien, in welche die Fragen unterteilt sind. Dabei wurden vorwiegend Fragen zur Einordnung des Teilnehmers sowie des Unternehmens entfernt, da diese eine marginale Relevanz für die Evaluation der Erkenntnisse aufweisen, aber potenziell zu einer höheren Abbruchquote führen. Während diese bei der quantitativen Studie bei 56,4 % liegt, liegt die Abbruchquote bei der lediglich Evaluationsstudie bei 32,96 %.

Tabelle 3.5 Fragekategorien der durchgeführten Online-Umfrage zur Evaluation

ID	Beschreibung	Ziel	Fragen	Skala
O	Angaben zum Unternehmen	Kontrollfrage zum Einsatz von CVS; Einordnen des Unternehmens	3	Einfachauswahl
ECVS	CVS Einfluss auf das Unternehmen	Evaluation des Einflusses von CVS auf das Unternehmen	5	5-Punkte Likert Skala
VP1	Einfluss auf den Wertbeitrag	Evaluation des Einflusses von CVS auf den Wertbeitrag	2	5-Punkte Likert Skala
BM1	Einfluss auf das Geschäftsmodell	Evaluation des Einflusses von CVS auf das Wertversprechen und Geschäftsmodell	2	5-Punkte Likert Skala

Insgesamt konnten 71 vollständig ausgefüllte Fragebögen in die Ergebnisbewertung einfließen. Innerhalb dieser Ergebnismasse wurde zum Zeitpunkt der Befragung bei 53 Teilnehmern ein CVS im Unternehmen eingesetzt. Die zugehörigen Antworten konnten in die Evaluation der Ergebnisse einfließen. Durch die Anwendung der verschiedenen Methoden im Rahmen des Forschungs- und Prüfdesigns, war es möglich, eine Vielzahl an methodischen Limitierungen zu mildern und den Wert der Ergebnisse zu erhöhen. Es entstand ein umfassenden und aus verschiedenen Blickwinkeln betrachtetes Forschungsergebnis, welches einen Beitrag zur Betrachtung des Einflusses von CVS auf den Wertbeitrag von Unternehmen leistet. Diese gewonnenen Erkenntnisse bilden wiederum die Grundlage für die Erreichung des Gestaltungsziels.

3.3.4 Gestaltungsdesign

Das Gestaltungsdesign leitet sich aus dem Forschungs- sowie dem Prüfungsdesign ab und geht der Frage nach, wie die gewonnenen Erkenntnisse umgesetzt werden können. Dabei teilt sich das Gestaltungsdesign in zwei Bereiche. Im ersten Bereich wurde ein Image Mining Prototyp mittels eines Design Artefakt entwickelt und gestaltet. Das generierte Wissen wurde anschließend genutzt, um Erkenntnisse abzuleiten. Die im Rahmen der durchgeführten Forschung bestätigten oder falsifizierten Hypothesen bilden den Ausgangspunkt für den zweiten Bereich des Gestaltungsdesigns. Hierbei wurden Gestaltungs- oder Handlungsempfehlung abgeleitet, welche der Problemlösung und der Zielerreichung dienen. Zur Präzisierung werden dabei zusätzliche Rahmenbedingungen und Gestaltungsbereiche ergänzt (Töpfer 2012, 326). Tabelle 3.6 listet die identifizierten Gestaltungsbereiche sowie die zugehörigen offenen Fragen. Zu Untersuchung und Beantwortung dieser Fragen stellen die betrachtenden Ursache-Wirkung Beziehungen den Ausgangspunkt und Analyseschwerpunkt dar.

Tabelle 3.6 Identifizierte Gestaltungsbereiche

Gestaltungsbereich	Offene Fragen
Output: Qualität steigern	Welchen Benefit hat es ein Produkt mit einer höheren Qualität? Hilft es meinem Geschäft, die Qualität des Outputs zu erhöhen?
Prozess: Kosten senken	Das nötige Investment muss dem Einsparpotenzial gegenübergestellt werden, damit die Frage beantwortet werden kann: Ab wann lohnt sich der Einsatz?
Wertbeitrag erhöhen	Welchen Benefit hat es, den Wertbeitrag zu erhöhen?
Kostenmodell anpassen	Welchen Benefit hat es, das Kostenmodell anzupassen?
Ertragsmodell anpassen	Welchen Benefit hat es, das Ertragsmodell anzupassen?

Dem Ziel folgend, Unternehmen einen Rahmen zu geben, um diese Fragen von ihrem Standpunkt aus beantworten zu können, wurde ein Ablaufplan entwickelt. Dieser liefert einen strukturierten Plan zur Einführung und Entwicklung von CVS in Unternehmen. Dabei liegt der Fokus der jeweiligen Schritte auf der Beantwortung der aufgestellten Fragen (siehe Tabelle 3.6). Da sich CVS in den Bereich der Data Analytics einordnen lassen, werden die abgeleiteten Aufgabenpakete beispielhaft in das Vorgehensmodell das Cross-Industry Standard Process for Data Mining (CRISP-DM) Modell eingebettet. Das CRISP-DM ist ein standardisiertes Modell für den Datenanalyseprozess sowie dessen Implementierung (Wirth und Hipp 2000). Abbildung 3.12 zeigt den Ablauf nach dem CRISP-DM. Dieser besteht aus den sechs Phasen Business Understanding, Data Understanding, Data Preparation, Data Modeling, Evaluation und Deployment (Schröer, Kruse und Gómez 2021).

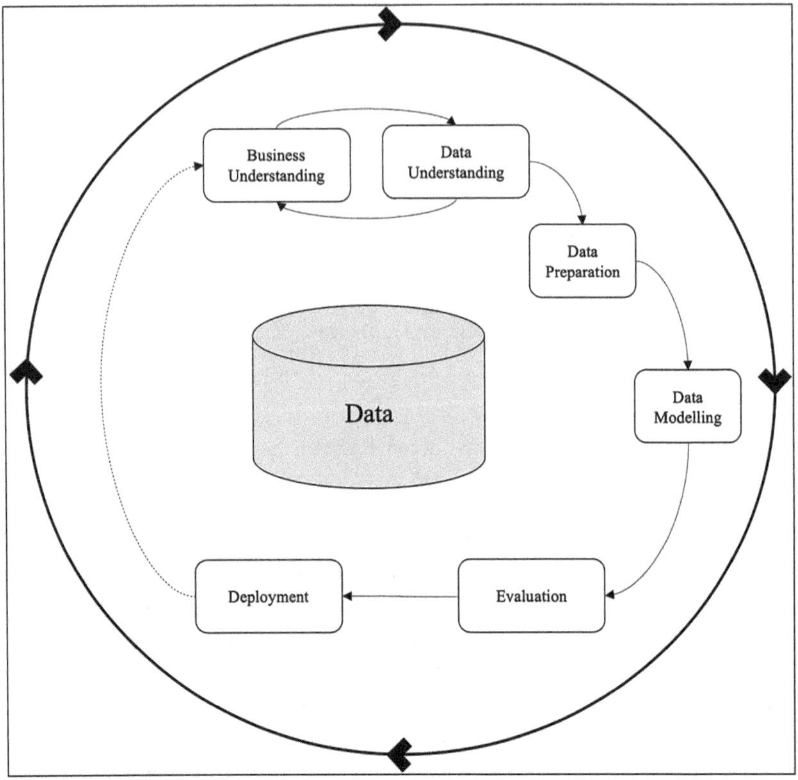

Abbildung 3.12 Cross-Industry Standard Process for Data Mining (CRISP-DM) Modell (Wirth und Hipp 2000)

Das CRISP-DM weist eine hohe Flexibilität auf und kann daher an die Anforderungen verschiedener Projekte, wie die Einführung eines CVS, angepasst werden. Die finale Version von CRISP-DM wurde im Jahr 1999 veröffentlicht und ist seitdem ein häufig verwendetes Modell im Bereich der Datenanalyse und des Data Mining (Wirth und Hipp 2000). Da Computer Vision in den Bereich der Datenanalyse fällt, stellt das CRISP-DM in seiner Gesamtheit einen passenden Ansatz dar. Einführungsprozesse sind jedoch von einer Vielzahl von Faktoren, wie beispielsweise der Unternehmensstrategie, abhängig. Daher ist das CRIPS-DM nur als ein mögliches Beispiel zu sehen. Aufgrund der Komplexität und der Vielzahl an unbekannten Größen bei Projektstart bieten sich neben einem iterativen Vorgehen auch agile Methoden für die Einführung eines CVS an. Aufgrund der Komplexität und Vielschichtigkeit eines CVS ist die Erweiterung des CRISP-DM notwendig. Diesbezüglich zielt das Gestaltungsziel darauf ab, Handlungsempfehlungen für die einzelnen Schritte aus den gewonnenen Erkenntnissen der Ursache-Wirkung-Beziehungen zu integrieren und diese als Entscheidungsunterstützung für die Unternehmen zur Verfügung zu stellen.

Gang der Arbeit

4

In diesem vierten Kapitel wird der Erkenntnisprozess dieser Dissertationsschrift beschrieben. Die Struktur des Kapitels orientiert sich dabei an der Reihenfolge der durchgeführten Forschungsschritte, welche im Kapitel drei im Untersuchungsdesign (siehe Abbildung 3.7) festgelegt wurden. Dafür wird zunächst der aktuelle Forschungsstand der grundlegenden Technologien skizziert. Dem folgt die Darstellung des Betrachtungsgegenstandes sowie der Entwicklung des theoretischen Modells, bevor abschließend die Einflussfaktoren und Handlungsempfehlungen beschrieben sind. In diesen Ablauf sind die neun publizierten Forschungsbeiträge integriert, welche im Rahmen dieser Dissertationsschrift veröffentlicht wurden.

4.1 Stand der Forschung der grundlegenden Technologien

Damit der Ausgangspunkt der angestellten Untersuchungen deutlich aufgezeigt werden kann, ist es zunächst notwendig, die relevanten Technologien und deren Forschungsstand aufzuzeigen.

Ergänzende Information Die elektronische Version dieses Kapitels enthält Zusatzmaterial, auf das über folgenden Link zugegriffen werden kann https://doi.org/10.1007/978-3-658-49915-0_4.

S. Trinks, *Der Einfluss von Computer Vision Systemen auf Unternehmen*, Schriften zur Business Analytics und zum Informationsmanagement,
https://doi.org/10.1007/978-3-658-49915-0_4

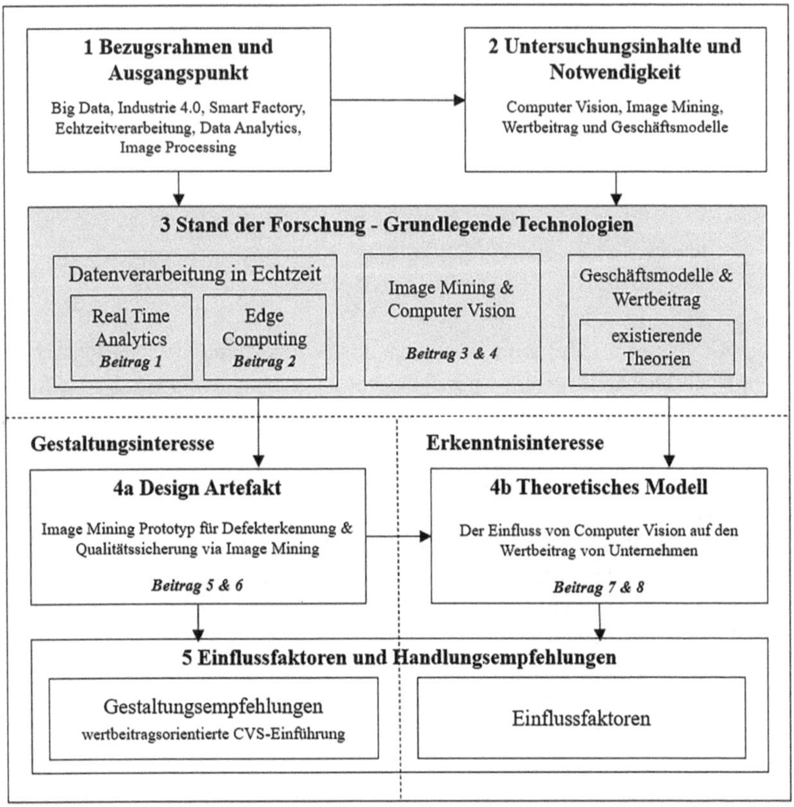

Abbildung 4.1 Untersuchungsdesign – Stand der Forschung

Folgt man dem zugrundeliegenden Untersuchungsdesign der Arbeit, stellt dies den dritten Punkt dar. Wie der Abbildung 4.1 zu entnehmen ist, umfasst dieser Abschnitt die Beiträge 1 bis 4. Der Möglichkeit CVS innerhalb von Unternehmen nutzenstiftend einsetzen zu können, gehen sowohl technische als auch methodische Entwicklungen voran. Im technischen Bereich sind hierbei vordergründig Sensoren, Hardware und Kommunikationstechnik zu nennen. Diese bringen die Möglichkeit mit sich, bekannte und bewerte Methoden in den Bereichen der Aufnahme, Verarbeitung und Analyse von Bilddaten weiterzuentwickeln und nutzenstiftende Systeme zu entwickeln.

4.1.1 Datenverarbeitung in Echtzeit als Ausgangspunkt

Fortschritte im Umgang mit der Speichertechnologie ermöglichen die Aufnahme und Verarbeitung großer Datenmengen innerhalb kurzer Zeiträume. Entwickelte Netzwerkarchitekturen sorgen dafür, dass Daten mit minimaler Latenz übertragen werden können und gleichzeitig von beliebigen Standorten aus darauf zugegriffen werden kann. Eine lokale Nähe zu den Daten ist nicht mehr notwendig. Die unter dem Term Internet der Dinge voranschreitende Entwicklung ermöglicht es, dass zunehmend alltägliche sowie industrielle Geräte und Maschinen von überall erreichbar sind. Das entstandene Potenzial durch diese technischen Entwicklungen ist immens. Die Zahl möglicher Anwendungsfälle für CVS in Organisationen potenziert sich durch latenzarme oder Echtzeit Anwendungen, beispielhaft sind hierfür Defekterkennungssysteme im Bereich der Stahl- (Luo, et al. 2020), Lebensmittel- (Kulkarni, et al. 2019) oder Textilindustrie (Hamdi, et al. 2017) zu nennen. Der Wert, der für die Organisation durch die Ausführung dieser Anwendung in Echtzeit entsteht, erhöht sich hierdurch deutlich. Daher ist eine Betrachtung, des unter Real Time Analytics summierten Forschungsbereichs, im Hinblick auf das aufgestellte Erkenntnis- und Gestaltungsziel von Bedeutung. Die Komplexität bei der Entwicklung und Implementierung neuer Systeme und Anwendungen steigt hingegen kontinuierlich. Die Digitalisierung stellt Unternehmen und Organisationen vor Herausforderungen, die eine immense Investition und den Aufbau von Know-how bedürfen. Dem Ziel folgend, Gestaltungsempfehlungen hierfür zu entwickeln, wurde in den ersten beiden Forschungsschritten der aktuelle Stand der wissenschaftlichen Diskussion um Real Time Analytics und der unterstützenden Architektur von Edge Computing untersucht. Die Ergebnisse der durchgeführten Analysen wurden in den Beiträgen 1 und 2 veröffentlicht und sind in den Abschnitten 4.1.1.1 sowie 4.1.1.2 dieser Arbeit enthalten. Im Rahmen des ersten Beitrages wurde der aktuelle Stand im Bereich RTA untersucht. Mithilfe einer strukturierten Literaturanalyse wurden die Methoden, welche die Grundlage für RTA bilden, klassifiziert. Aufbauend wurde in Beitrag zwei der aktuelle Stand der wissenschaftlichen Diskussion im Bereich Edge Computing analysiert. Edge Computing stellt eine Netzwerkarchitektur dar, die es durch die dezentrale Datenverarbeitung ermöglicht Latenzzeiten zu minimieren und dadurch eine Eignung für Echtzeitanwendungen aufweisen.

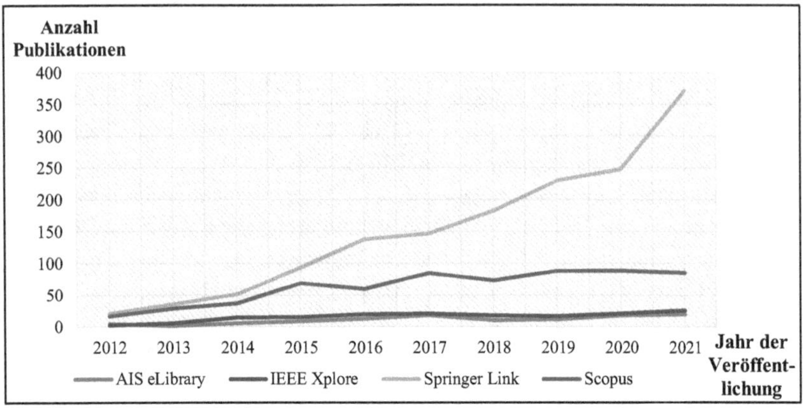

Abbildung 4.2 Wissenschaftlicher Veröffentlichung RTA in ausgewählten Datenbanken

Die Speicherung, der Transfer, die Verarbeitung sowie die Auslösung einer adäquaten automatisierten Reaktion in Echtzeit bieten immenses Potenzial für Unternehmen aus allen Bereichen. Dies spiegelt auch die Zunahme der wissenschaftlichen Veröffentlichungen im Bereich RTA wider, wie der Abbildung 4.2 zu entnehmen ist. Für Unternehmen bieten sich durch analytische Anwendungen in Echtzeit unzählige Möglichkeiten zur Optimierung von Prozessen oder Aufgaben. Ein zielgerichteter Einsatz kann den Wertbeitrag eines Unternehmens erhöhen.

4.1.1.1 Beitrag 1: A classification of Real Time Analytics Methods

In: Zeszyty Naukowe. Organizacja i Zarządzanie/Politechnika Śląska, (119), 313–329.

Abstract. The creation of value in a factory is transforming. The spread of sensors, embedded systems, and the development of the Internet of Things (IoT) creates a multitude of possibilities relating to upcoming Real Time Analytics (RTA) application. However, already the topic of big data had rendered the use of analytical solutions related to a processing in real time. Now, the introduced methods and concepts can be transferred into the industrial area. This paper deals with the topic of the current state of RTA having the objective to identify applied methods. In addition, the paper also includes a classification of these methods and contains an outlook for the use of them within the area of the smart factory.

Keywords: Real Time Analytics; Smart Factory; Industry 4.0; Smart Manufacturing; Internet of Things; Machine Learning

4.1.1.2 Beitrag 2: Edge Computing architecture to support Real Time Analytics applications

In: IEEE on BigData 2018

Abstract. The implementation of the vision of Industry 4.0 towards the Smart Factory requires, in addition to data collection and constant networking of all devices and machines, the rapid processing of large amounts of data. The concept of Cloud Computing enables central processing, but the latency of the transmission to the cloud requires too much time for real time applications. Therefore, the concept of Edge or Fog Computing has arisen in the recent years. Thereby, the calculation is no longer central, but decentralized at the network's edge. This eliminates high transmission latency and offers high potential for calculations, especially analytical calculations, in real time. In the course of this paper we present the State-of-the-art of Edge Computing within the Smart Factory. Thereby, the results of this contribution depict the current thematic priorities of scientific discussion and derive the possibilities for the support of RTA by EC from it.

Keywords: Real Time Analytics; Edge Computing; Fog Computing; Industry 4.0; Smart Factory, Internet of Things; Big Data

4.1.2 Computer Vision und Image Mining

Die analytische Datenverarbeitung sowie der Datentransfer mit minimaler Latenz schaffen die Grundlage für die Unterstützung zahlreicher Anwendungsfälle innerhalb einer Organisation. Diese Forschungsarbeit legt in diesem Kontext den Fokus auf die analytische Bildverarbeitung, die in der wissenschaftlichen Diskussion unter den Termen Computer Vision und Image Mining diskutiert werden. Computer Vision und Image Mining sind zwei eng miteinander verwandte Konzepte, allerdings mit unterschiedlichen Schwerpunkten. Beide folgen dem Ziel, visuelle Daten mittels Algorithmen nutzenstiftend zu verarbeiten. Eine definitorische Unterscheidung der beiden Konzepte ist innerhalb der wissenschaftlichen Diskussion nur in Ansätzen vorhanden. Teilweise verwenden Autoren die beiden Konzepte synonym, was der Charakteristika der Konzepte jedoch nicht gerecht wird. Um einen weiteren Grundstein für die Untersuchung der aufgestellten Forschungslücke zu legen, adressiert der Beitrag 3 (siehe S. 55ff) diesen Themenkomplex mittels einer Analyse der relevanten wissenschaftlichen Diskussion. Wissenschaftliche Publikationen zum Thema Computer Vision sowie Image Mining haben in den letzten Jahren stark zugenommen. Abbildung 4.3 visualisiert die Zunahme an Publikationen im Bereich von Computer Vision in den ausgewählten relevanten wissenschaftlichen Datenbanken AIS eLibrary, IEEE Xplore, Springer Link und Scopus. Diese Zunahme sowie die Anzahl der Publikationen zeigen, dass Computer Vision ein wachsendes und sich entwickelndes Forschungsfeld ist.

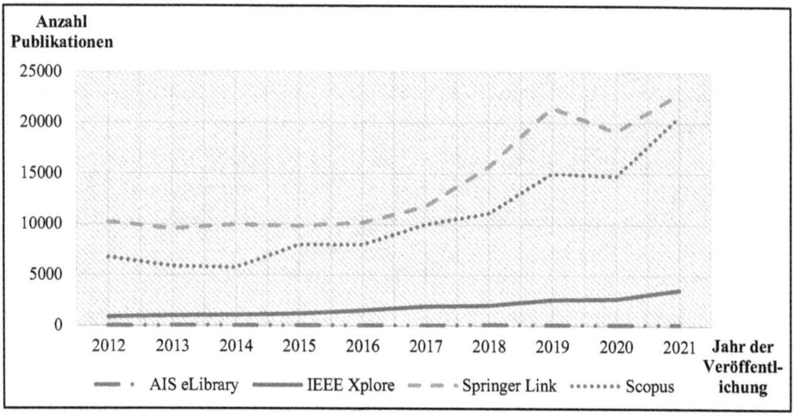

Abbildung 4.3 Wissenschaftliche Veröffentlichungen im Bereich Computer Vision

Themenschwerpunkte, die in den wissenschaftlichen Publikationen behandelt werden, gibt es eine Vielzahl. Einige der wichtigsten Themen sind: Bild- und Videoklassifikation, Objekterkennung und -verfolgung, Gesichtserkennung, Augmented Reality und virtuelle Realität, Bild- und Videoanalyse in Echtzeit sowie die Anwendungen von CVS in verschiedenen Branchen wie Automobilindustrie, Fertigung, Medizin oder Logistik.

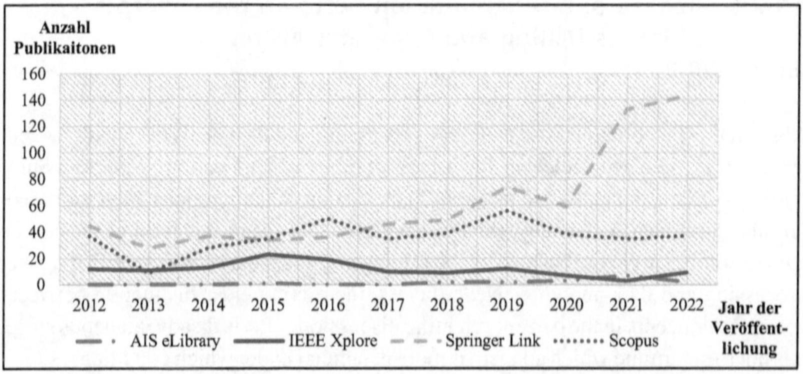

Abbildung 4.4 Wissenschaftliche Veröffentlichungen im Bereich Image Mining

Auch unter dem Schlagwort Image Mining wurden in den letzten Jahren Publikationen veröffentlicht, wie die Abbildung 4.4 illustriert. Die geringere Anzahl an Veröffentlichungen lässt sich dadurch begründen, dass es sich bei Image Mining um ein Sub- oder Teilkonzept von Computer Vision handelt. Dies ist ebenfalls im Beitrag 3 (siehe 4.1.2.1) ausgeführt und dargestellt. Die durchgeführte Literaturanalyse zeigt die in der untersuchenten wissenschaftlichen Diskussion enthaltenen Schwerpunkte auf und liefert Ansatzpunkte wie Image Mining oder Computer Vision Anwendungen den Wertbeitrag eines Unternehmens positiv beeinflussen können.

Der Beitrag 4 (siehe 4.1.2.2) vertieft anschließend die gewonnenen Erkenntnisse aus den ersten drei Beiträgen, indem der Fokus der Untersuchung auf einen konkreten Anwendungsfall gelenkt wird. Die Qualitätssicherung in Echtzeit und Fehlererkennung innerhalb der Industrie, weist das Potenzial auf, den produzierten Wert innerhalb einer Organisation zu steigern. Dabei liegt der Fokus auf der Identifikation und Bewertung von Faktoren, die zur Effizienzsteigerung, Qualitätsverbesserung oder Innovationsförderung beitragen können. Die gewonnenen Erkenntnisse sollen nicht nur theoretische Implikationen aufzeigen, sondern letztendlich auch in die Erreichung des Gestaltungsziels dieser Arbeit einfließen.

4.1.2.1 Beitrag 3: A differentiation between the concepts of Image Mining and Computer Vision

In: AMCIS 2021

Abstract. The combined use of image processing and data analytics methods and technologies is highly relevant for a high number of application scenarios. Supporting systems in healthcare or the full automation of autonomous vehicles based on this combination. Thereby, the most popular concept in this field of tension is named computer vision, but also image mining considers the combined use of image processing and data analytics. Nevertheless, there is no clear distinction between these two concepts in the current scientific discussion. This is disadvantageous since it is not to determine which concept is more beneficial under which conditions, situations and, cases. Therefore, the paper aims to clarify the concepts of computer vision and image mining and analyzes which concept is more suitable in which scenarios. To address this need, a structured literature review was done. As a result, differences between the concepts in terms of application area, process, and characteristics are identified. A clarification of the positioning of the concepts could be done. Also, the findings provide advice on which concept is beneficial under what conditions.

Keywords: Image Mining, Computer Vision, Data Analytics, Image Processing, Structured Literature Review

4.1.2.2 Beitrag 4: Real Time Quality Assurance and Defect Detection in Industry 4.0

In: LWDA 2021

Abstract. Defect detection and quality assurance are traditionally crucial in the manufacturing sector, since it has the potential to reduce scrap rates, production time, energy consumption, and thus increase efficiency. Nowadays, automated image-based systems follow the aim to minimize reject rates and achieve quality standards within highly automated processes. The resulting cost reduction contributes to the overall objective of maximizing added value. Thereby, it is of significant importance that the underlying image mining and computer vision processes run with low overall latency. In order to analyze the relevance of a real time execution of such systems in the current scientific discussion, a literature review was conducted and is described in this paper. Besides techniques and methods, which are discussed, fields and industries could be identified. Thus, the state-of-the-art within the scientific discussion could be collected and presented.

Keywords. Defect Detection; Quality Assurance; Real Time Analytics; Image Mining; Computer Vision; Industry 4.0; Smart Factory;

4.2 Betrachtungsgegenstand – Einfluss von Computer Vision auf Geschäftsmodelle

Die durchgeführten Literaturstudien haben einen umfassenden Blick über den aktuellen Stand der wissenschaftlichen Diskussion zu den zentralen Themen dieser wissenschaftlichen Arbeit hervorgebracht. Diese Analysen bilden somit den Ausgangspunkt, um den Einfluss von CVS auf Geschäftsmodelle beleuchten zu können. Der gewählte Forschungsansatz erlaubt es, die potenziellen Veränderungen und Optimierungsmöglichkeiten zu untersuchen, die durch den Einsatz von Computer Vision innerhalb der Wertschöpfungsprozesse entstehen können, und gleichzeitig deren strategische Relevanz für die Gestaltung zukünftiger Geschäftsmodelle zu analysieren. Dafür folgt in diesem Abschnitt, nach den vorwiegend technologieorientierten Forschungsbausteinen, die Zusammenführung mit den ökonomisch relevanten Komponenten der Forschungslücke dieser wissenschaftlichen Arbeit.

Geschäftsmodelle definieren die Wertschöpfungsstruktur von Unternehmen und enthalten als zentrales Element das Wertversprechen für die ausgewählten Zielkunden (Osterwalder, Pigneur und Bernarda, et al. 2015). Ein Geschäftsmodell beschreibt die Logik sowie den Aufbau der Mechanismen der Wertschöpfung, die in einem Unternehmen Einsatz finden. Dabei skizziert selbiges die Architektur der Einnahmen, Kosten und Gewinne, welche zur Entwicklung und Bereitstellung des Wertes notwendig sind. Der Kern eines Geschäftsmodells liegt in der Definition der Art und Weise, wie ein Unternehmen den Kunden einen Wert anbietet sowie diese dazu bewegt, für den Wert zu zahlen, und die Zahlungen in Gewinn umwandelt (Teece 2018). Jodlbauer (2020) definiert ein Geschäftsmodell als eine abstrakte, strukturierte und vereinfachte Darstellung einer Organisation. Dabei haben Geschäftsmodelle die Funktion zu erklären, wie eine Organisation Werte schafft und erfasst (Jensen 2013). Um mittels eines Produkts, einer Dienstleistung oder einer Lösung einen Wert zu erschaffen, bedarf es einer Methodik, die als Wertversprechen bezeichnet wird (Camlek 2010). Al-Debei und Avison (2010) publizierten in diesem Spannungsfeld die vier Dimensionen von Geschäftsmodellen: Value Proposition, Value Architecture, Value Finance sowie Value Network. Auch für Teece (2018), Schön (2012), Al-Debei und Avison (2010) und Avdeeva et al. (2022) stellt die Value Proposition ein zentrales Element des Geschäftsmodells dar. Teece (2018) folgt bei der Beschreibung dieses Zusammenhangs Schön (2012), welcher ein Geschäftsmodell in die drei Komponenten Wertversprechen, Umsatzmodell sowie Kostenmodell unterteilt. Tabelle 4.1 stellt die Komponenten von Geschäftsmodellen verschiedener Autoren gegenüber. In dieser Gegenüberstellung wird ersichtlich, dass Geschäftsmodelle zwar zum Teil durch andere Terme beschrieben und unterteilt werden, jedoch lassen sich diese jeweils den drei (Grund) Komponenten zuordnen.

Tabelle 4.1 Bestandteile von Geschäftsmodellen

<table>
<tr><th>Teece (2018) und Schön (2012)</th><th>Osterwalder et al. (2011)</th><th>Al-Debei und Avison (2010)</th><th>Avdeeva et al. (2022)</th></tr>
<tr><td>Value Proposition (Wertversprechen): Produkt und Dienstleistung, Kundenbedürfnisse</td><td>Value Proposition (Wertversprechen)</td><td>Value Proposition</td><td>Value Proposition (Wertversprechen)</td></tr>
<tr><td rowspan="4">Revenue Model (Umsatzmodell): Preislogik, Kanäle, Kundeninteraktion</td><td>Client relationships (Kundenbeziehung)</td><td rowspan="3">Value Network</td><td rowspan="4">Marktsegment (market segment)</td></tr>
<tr><td>Client segments (Kundensegmente)</td></tr>
<tr><td>Distribution channels (Vertriebskanäle)</td></tr>
<tr><td>Revenue flow (Ertragsfluss)</td><td>Value Finance</td></tr>
<tr><td rowspan="4">Cost Model (Kostenmodell): Kernanlagen und -fähigkeiten, Kernaktivitäten, Partnernetzwerk</td><td>Partner network (Partnernetzwerk)</td><td>Value Network</td><td>Wertegerüst (value network)</td></tr>
<tr><td>Key activities (Schlüsselaktivitäten)</td><td rowspan="2">Value Architecture</td><td rowspan="2">Prozessstruktur (process structure)</td></tr>
<tr><td>Key resources (Schlüsselressourcen)</td></tr>
<tr><td>Cost structure (Kostenstruktur)</td><td>Value Finance</td><td>Struktur der Kosten und Erlöse (cost and profit structure)</td></tr>
</table>

Weiterhin verdeutliche die Tabelle 4.1, dass alle vier dieser verbreiteten Unterteilungen das Wertversprechen in den Mittelpunkt stellen. Das Wertversprechen beschreibt in diesem Kontext den Nutzen, den die Kunden von Ihren Produkten erwarten können (Osterwalder, Pigneur und Bernarda, et al. 2015). Auch Jonker und Faber (2021) argumentieren ähnlich, indem sie ein Geschäftsmodell als Beschreibung der Wertschöpfung bezeichnen, welche auf der Grundlage des Wertversprechens organisiert ist. Aus Sicht eines Kunden ist unter dem Wertversprechen ein Angebot am Markt zu verstehen, welche ein durch ein Unternehmen erzeugten Mehrwert für den Kunden enthält (Skålén, et al. 2015). Lanning und Michael (1988) definierten die Value Proposition bereits in den späten achtziger Jahren wie folgt: *„A clear, simple statement of the benefits, both tangible and intangible that the company will provide, along with the approximate price it will charge each customer".*

In der Unternehmenswelt ist es wichtig, den Wert eines Produkts, einer Dienstleistung oder einer sonstigen Lösung aufzeigen zu können. Der entstandene Wert kann sowohl quantitativer *(z. B. Preis, Leistung, Marke)* als auch qualitativer Natur sein *(z. B. Kundenzufriedenheit, Design, Benutzerfreundlichkeit)* (Metelskaia, et al. 2018).Um dieses Ziel zu erreichen, bedarf es einer Methodik, welche Camlek (2010) als Wertversprechen bezeichnet. Es wird dabei zunehmend wichtiger das Wertversprechen zu definieren und zu verstehen, um Verkaufsargumente zu liefern. Diese Zunahme der steigenden Wichtigkeit spiegelt sich auch in der Erhöhung der Anzahl an wissenschaftlichen Veröffentlichungen wider (siehe Tabelle 4.2). Reinecke (2006) sieht in der Value Proposition den vom Kunden wahrgenommenen Wert eines Angebots, welcher die Kaufentscheidung maßgeblich beeinflusst. Im Rahmen dieser Dissertation wird die Value Proposition mit dem deutschen Termen Wertversprechen und Wertbeitrag gleichgesetzt.

Tabelle 4.2 Publikationen unter dem Schlagwort Value Proposition (Stand: 17.03.2023)

Jahr	2014	2015	2016	2017	2018	2019	2020	2021	2022	2023
Scopus	253	286	342	400	428	473	547	562	604	141
Springer Link	903	946	983	1264	1329	1567	1768	2481	2750	2890
AIS eLibrary	84	130	141	214	204	226	209	241	175	200

In seiner Gesamtheit gibt ein Wertversprechen den messbaren Wert oder den greifbaren Kundennutzen an, den ein Produkt oder eine Dienstleistung dem Kunden bietet, und veranschaulicht die Investitionsrendite oder andere greifbare positive Ergebnisse, die sich aus der Wahl eines bestimmten Dienstleisters gegenüber seinen Konkurrenten ergeben (Camlek 2010). Bei der Einführung von CVS sind für Unternehmen in den meisten Fällen Investitionen notwendig. Die Bemessung des Einflusses dieser Systeme auf die Value Proposition stellt daher die Möglichkeit dar, den wirtschaftlichen Benefit einer solchen Einführung zu bewerten.

4.2.1 Value Proposition und Geschäftsmodelle

Die Schaffung von Werten für Kunden oder andere Interessengruppen ist ein zentrales Anliegen von Unternehmen. Das Wertversprechen eines Unternehmens beschreibt die Vorteile, die sich aus dem Angebot von Produkten und Dienstleistungen für die Kunden ergeben (Osterwalder und Pigneur 2010). Dehnert und Bürkle (2020) stellen fest, dass ein Geschäftsmodell beschreibt, wie ein Wert geschaffen, geliefert und von einer Organisation erfasst wird. Dabei ist ein Wertversprechen ein zentraler Bestandteil von Geschäftsmodellen (Teece 2018). Osterwalder et al. (2010) beschreiben das Wertversprechen als die wichtigste von neun Komponenten eines Geschäftsmodells, wie in Abbildung 1.2 (siehe Kapitel 1) dargestellt. Im Gegensatz dazu nennen Avdeeva et al. (2022) nur fünf Schlüsselkomponenten eines Geschäftsmodells. Neben dem Wertversprechen nannten sie das Marktsegment, die Prozessstruktur, die Kosten- und Gewinnstruktur und das Wertschöpfungsnetzwerk als Komponenten eines Geschäftsmodells. Kotolainen et al. (2019) argumentiert, dass ein klares Wertversprechen sowie ein Erlösmodell die Hauptkomponenten sind. Ähnlich sehen es Teece (2018) und Schön (2012), die Kostenmodell, Wertversprechen und Erlösmodell als Hauptbestandteile des Geschäftsmodells bezeichnen. In diesem Zusammenhang stellte Jodlbauer (2020) fest, dass ein Geschäftsmodell eine abstrakte, strukturierte und vereinfachte Darstellung einer Organisation darstellt. Dabei definieren Geschäftsmodelle die Wertschöpfungsstruktur und beinhalten auch das Wertangebot für die ausgewählten Zielkunden. Es beinhaltet zudem die Logik der Wertschöpfung des Unternehmens (Osterwalder und Pigneur, 2010). Teece (2018) und Schön (2012) stellten fest, dass ein Geschäftsmodell die Logik enthält, die aufzeigt, wie eine Organisation Werte schafft und an Kunden liefert. Dies geschieht in Verbindung mit der Architektur der Einnahmen, Kosten und Gewinne, die auf dem gelieferten Wert basieren. Die digitale Transformation birgt für Unternehmen Chancen und Risiken zu gleichen Teilen. Es ist daher von entscheidender Bedeutung zu verstehen, wie sich der Transformationsprozess auf das Wertversprechen und damit auf das Geschäftsmodell auswirkt. Es ist wichtig, die Technologien zu identifizieren, die einen besonderen Einfluss auf ihre Aktivitäten haben, und zu bestimmen, wie und in welchen Bereichen Organisationen selbst im Transformationsprozess aktiv werden müssen. Dieser Wandel wurde bereits sowohl im positiven als auch im negativen Sinne erlebt. Dies bietet die Möglichkeit, die Erkenntnisse aus der vorhandenen Literatur zu sammeln und daraus das notwendige Wissen abzuleiten. Diese Argumentation führt zu dem Forschungsschwerpunkt, Bereiche und Faktoren digitaler Technologien zu identifizieren, um diese zu transformieren und ein Wertversprechen zu entwickeln. Dies soll Aufschluss darüber geben, wie sich dieser Wandel auf die Geschäftsmodelle auswirkt, und es den Unternehmen ermöglichen, ein klareres Verständnis des Gesamtbildes zu erlangen, was ihnen wiederum erlaubt, ihre Investitionen in digitale Technologien gezielter einzusetzen. Um dieses Ziel zu erreichen, ist es unerlässlich, die bestehenden Ansätze zu analysieren.

Die analysierte aktuelle wissenschaftliche Literatur zeigt einen hohen Prozentsatz an Definitionen und Beschreibungen, die der Beschreibung des Wertversprechens von Osterwalder et al. (2010) folgen. Die Autoren definieren das Wertversprechen als den Nutzen, den Kunden durch Produkte oder Dienstleistungen einer Organisation erhalten. Neue digitale Technologien drängen auf den Markt und zwingen Unternehmen dazu, ihr Wertversprechen zu überdenken (Hajishirzi 2022). Diese Notwendigkeit veranlasst dazu, die aktuellen Definitionen des Wertversprechens zu überprüfen. Daher werden die in der Literatur ermittelten Beschreibungen und Definitionen in Tabelle 4.3 vorgestellt.

Tabelle 4.3 Identifizierte Definitionen und Beschreibungen der Value Proposition

Definitionen und Beschreibungen	Referenz
„**Value proposition** is something that explains, as succinctly as possible, the specific benefit users receive from a product or service. […] **Value proposition** refers to the product or service that the firm intends to offer its customers in order to meet their needs. It is unique to the organization because it differentiates it from its competitors. The description can be qualitative, describing the intended result and customer experience, or quantitative, describing effectiveness and price."	(Avdeeva, et al. 2022)
"The **value proposition** is the presentation of the organization's products and services, identifying the values that they generate and for whom they are generated, being a fundamental factor in the adoption and intention to use IoT-based products and services […] The first definitions of **value proposition** present it as a combination of price and benefits to be delivered to target customers."	(Molling und Klein 2020)
"A sustainable **value proposition** addresses the trinity of economic, ecological, and social value and thus ensures simultaneous value creation for different stakeholders, including customers, the environment, and society. "	(Lugmair, et al. 2022)
"The **value proposition** relates to a bundle of products and services offered to the customers. "	(Bockshecker, et al. 2022)
"The **value proposition** is expressed in a company's business model and is about creating and delivering value to customers. Traditional companies rarely change their value proposition even if their products get updated."	(Hajishirzi 2022)
"Manufacturing firms are increasingly moving from product sellers to product service providers, allowing them to provide unique **value propositions** and giving them a competitive advantage. "	(Alves, Stoll und West 2022)
"Value propositions represent the chosen mix of actors, resources, allocation and behavior of companies, which are offering smart Product-Service Systems to B2C customers."	(Dehnert und Bürkle 2020)

(Fortsetzung)

Tabelle 4.3 (Fortsetzung)

Definitionen und Beschreibungen	Referenz
"The **value proposition** section describes the in-depth analysis of users' needs. Enterprises solve the problems of users through products and services or bring new profit points to users. It is the collection of user's interests in business model."	(Li, et al. 2020)
"Osterwalder et al. define the **value proposition** as 'the benefits customers can expect from your products and services' [...] The **value proposition** goes beyond the technology's relevant added value for end-users, on which the well-known approach of human-centered design focuses, but also includes how the technology meshes with the technological, organizational and economic needs of all important stakeholders."	(Kotilainen, et al. 2019)
"[...] we define the **value proposition** as the presentation of products and services, identifying the value (e.g., cost, benefits, experiences, impacts) they generate and for whom they are generated, considering several actors, such as customers, organizations, business partners, society, among others."	(Molling und Zanela Klein 2022)

Fasst man die in Tabelle 4.3 dargestellten Beschreibungen und Definitionen zusammen, so ergeben sich drei Hauptbestandteile, um ein Wertversprechen beschreiben zu können. Diese Bereiche lassen sich wie folgt zusammenfassen: 1) Produkte und Dienstleistungen, 2) Wettbewerbsvorteil und 3) Ausdruck innerhalb eines Geschäftsmodells. Die in der Literatur identifizierten Aussagen sind unter diesen drei Bereichen in Tabelle 4.4 zusammengefasst.

Tabelle 4.4 Einordnung der behandelten Themen in die betrachtete Literatur

Bereiche	Value Proposition
1) Produkte und Service	• ist ein Bundle von Produkten und Dienstleistungen, die den Kunden angeboten werden (Nutzen für die Nutzer) • ist die Präsentation der Produkte und Dienstleistungen der Organisation • beschreibt die eingehende Analyse der Bedürfnisse der Nutzer • ist eine Kombination aus Preis und zu erbringendem Nutzen
2) Wettbewerbsvorteil	• bietet einen Wettbewerbsvorteil • ist einzigartig und unterscheidet sich von der Konkurrenz
3) Ausdruck in einem Geschäftsmodell	• wird im Geschäftsmodell eines Unternehmens ausgedrückt • stellt einen Mix aus Akteuren, Ressourcen, Allokation und Verhalten von Unternehmen dar • befasst sich mit der Dreifaltigkeit von ökonomischem, ökologischem und sozialem Wert und gewährleistet so eine gleichzeitige Wertschöpfung für verschiedene Stakeholder

4.2.2 Technologiegetriebene Transformation des Wertversprechens

Das Zusammenspiel zwischen Value Proposition und CVS zu analysieren, ist das vordergründige Ziel dieser Arbeit. Um diese Untersuchung vornehmen zu können, sind zunächst die Betrachtung des aktuellen Forschungsstandes sowie eine Einordnung notwendig. Wie der Implementierungsprozess neuer Technologien – wie CVS – aussehen muss, um den Wertschöpfungsprozess zu optimieren, ist oft nicht eindeutig geklärt (Schüritz und Satzger 2016). Die detaillierte Betrachtung des beschriebenen Untersuchungsgegenstandes verfolgt das Ziel, diese Unklarheit für den Einsatz von CVS aufzulösen und den notwendigen Investitionen gegenüberzustellen.

Die Entwicklung des Internets der Dinge (Internet of Things, IoT) bietet Unternehmen neue Möglichkeiten für Geschäftsmodelle (Molling und Zanela Klein, Value proposition of IoT-based products and services: a framework proposal. 2022). Der kombinierte Einsatz von CVS und dem IoT ermöglicht es, automatisiert Bilddaten zu erfassen, zu verarbeiten, zu analysieren und Erkenntnisse zu gewinnen. CVS bieten durch die Kombination mit dem IoT die Möglichkeit autonom zu arbeiten und dadurch auch Kosten zu reduzieren. (Cardoso, Silva und Costa 2022). Die Entstehung solcher smarten Systeme ermöglicht es, Daten aus der Umwelt automatisiert zu erfassen und basierend auf einer durchzuführenden Analyse Entscheidungen zu treffen und Maßnahmen autonom zu ergreifen (Molling und Zanela Klein 2022). Dies führt für Unternehmen jedoch zu Herausforderungen, die Potenziale und Grenzen zu verstehen, um eine passende Value Proposition zu entwickeln (Bhardwaj und Kole 2016). In diesem Spannungsfeld bezeichnen Metelskaia et al. (2018) das Wertversprechen als den kritischsten Baustein in IoT-Geschäftsmodellen. Zudem benennen sie Überschneidungen bei Geschäftsmodellkonzepten innerhalb der Sektoren der KI, IoT und Computer Vision. Auch Meng et al. (2022) benennen den Einfluss von CVS auf die Value Proposition. So können durch mangelhaft konfigurierte CVS Unzufriedenheiten bei Kunden entstehen. Die Implementierung notwendiger Optimierungen kann sich jedoch wiederum negativ auf die anfallenden Kosten auswirken.

Digitale Technologien und der damit verbundene organisatorische Wandel bieten vielfältige Geschäftsmöglichkeiten für die Schaffung neuer Werte. Es findet also ein grundlegender Wandel durch den Einsatz dieser Technologien statt (Hafezieh und Eshraghian 2022). Angestoßen durch die wissenschaftliche Diskussion über Big Data haben Autoren wie Dittmar (2016) eine Vier Quadranten Matrix verwendet, um die Beziehung von Big Data zu neuen und bestehenden Geschäftsmodellen zu veranschaulichen. Da Big Data am Anfang der Diskussion stand und dabei das Thema Digitalisierung im Allgemeinen sowie der Einsatz von künstlicher Intelligenz im Besonderen eine zentrale Rolle einnahm, ist es verständlich, dass ein Angriff auf das eigene Wertschöpfungsmodell notwendig ist. Wie jedoch das Verhältnis zum Wertschöpfungsmodell konkret aussieht und wie sich die Technologien und Konzepte letztlich auswirken, wurde in der Literatur bisher nicht berücksichtigt. Die vorliegende Arbeit möchte sich daher diesem Thema widmen und die Einflussfaktoren und deren Zusammenspiel zwischen der Implementierung digitaler Technologie, dem Geschäftsmodell und dem Wertversprechen analysieren.

Das Wertversprechen ist ein charakteristisches Element des Geschäftsmodells und fasst die Schaffung und Bereitstellung eines Wertes für die Kunden zusammen (Hajishirzi 2022). Folglich liegt der Schwerpunkt dieser Untersuchung auf dem Wertversprechen. Der Veränderungsprozess wird durch den innovativen Einsatz digitaler Technologien und die strategische Nutzung von Schlüsselressourcen und Fähigkeiten ermöglicht (Hafezieh und Eshraghian 2022). Dabei ist eine Klärung der Beziehungen zwischen dem Einsatz digitaler Technologien, dem Wertversprechen und den Geschäftsmodellen notwendig. Unternehmen benötigen ein Verständnis der Zusammenhänge und möglicher Einflussfaktoren, um nachhaltig und zielgerichtet in die Transformation ihres Wertversprechens zu investieren. Dabei sollten sie sich über die Auswirkungen auf das Wertversprechen und das gesamte (bestehende) Geschäftsmodell im Klaren sein. Das Verständnis hierfür ist gewichtig, um die Transformation des Wertversprechens in eine profitable Richtung zu bewegen. In dieser Hinsicht bietet die wissenschaftliche Diskussion nur sehr wenige Ergebnisse, so dass dieser Beitrag das Ziel verfolgt, die wichtigsten technologischen Einflussfaktoren auf das Wertversprechen zu identifizieren, um die Auswirkungen auf Geschäftsmodelle aufzudecken.

4.2.3 Einflussfaktoren auf das Wertversprechen

Neue digitale Technologien ermöglichen es Unternehmen, eine Vielzahl von Wertversprechen auf der Basis von Daten, Dienstleistungen und Produkten anzubieten (Wessel, et al. 2021). Dabei ist vor allem die Kompatibilität der Technologie mit den Geschäftsprozessen der Organisation entscheidend, um einen signifikanten Einfluss auf das Wertversprechen zu haben (Hajishirzi 2022). Digitale Transformation beschreibt in diesem Zusammenhang die Bemühungen, neue Geschäftsangebote in Form von Produkten, Dienstleistungen und Kundenerlebnissen zu entwickeln. Neue Wertversprechen werden durch die Schaffung neuer Prozesse, Geschäftsmodelle, Koordinationsmechanismen, Strukturen, Akteure und Praktiken entwickelt (Hafezieh und Eshraghian 2022). Als Ergebnis der durchgeführten Literaturanalyse konnten in diesem Zusammenhang technologische und konzeptionelle Faktoren identifiziert, die sich auf das Wertversprechen von Unternehmen auswirken. Diese Veränderungen werden in der Literatur sich unter dem Begriff der digitalen Transformation diskutiert. Diese umfasst technologiebasierten Veränderungen in Geschäftsbereichen und -modellen, die das

Ziel verfolgen neue Angebote zu schaffen, Strukturen und Prozesse zu verbessern oder Automatisierung zu erzeugen (Oswald, Saueressig und Krcmar 2022). Hierbei konnten Einflussfaktoren aus dem Bereich der Netzwerktechnologie und -architektur, der Datenverarbeitung, den Bereichen der Informationssysteme sowie Datenschutz und IT-Sicherheit identifiziert werden.

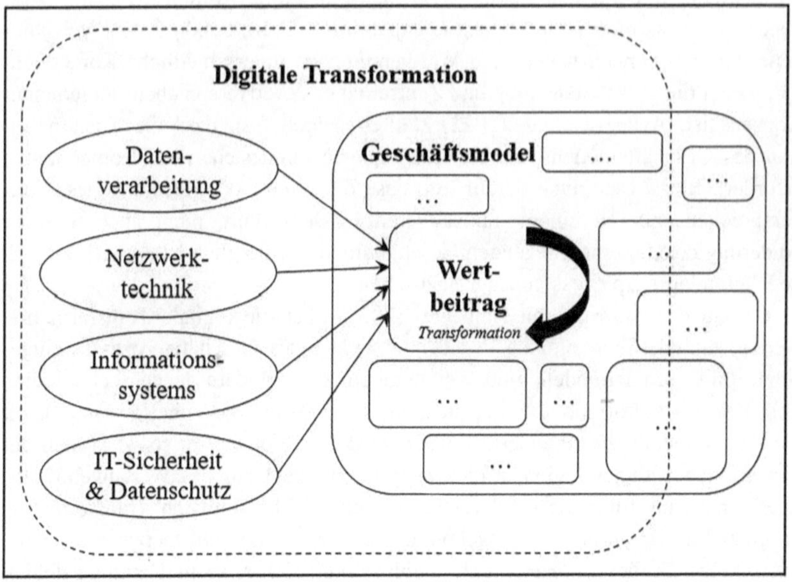

Abbildung 4.5 Technologische Einflussfaktoren auf das Wertangebot

Die Abbildung 4.5 veranschaulicht die Zusammenhänge der genannten Bereiche. Eine Beschreibung der identifizierten Faktoren innerhalb dieser Bereiche ist in Tabelle 4.5 enthalten. Grundsätzlich lassen sich die identifizierten Einflussfaktoren unter den Bereichen Netzwerke (Internet der Dinge; Edge Computing; Cloud Computing), Datenverarbeitung (künstliche Intelligenz, Datenanalyse, Big Data), Informationssysteme sowie IT-Sicherheit und Datenschutz subsummieren.

4.2.4 Auswirkungen des Wertangebots auf die Geschäftsmodelle

Ein Geschäftsmodell beschreibt in erster Linie die Geschäftslogik einer Organisation (Weber, et al. 2022). Dabei beinhalten die identifizierten Geschäftsmodellbeschreibungen der Literaturrecherche das Wertversprechen als Hauptkomponente (Osterwalder und Pigneur 2010, Avdeeva, et al. 2022, Kotilainen, et al. 2019, Teece, Business models and dynamic capabilities. 2018, Schön 2012). Verschiedene Autoren nennen neben dem Wertversprechen unterschiedliche Komponenten, wobei die große Bedeutung und Zentralität des Wertversprechens allgemeiner Konsens ist. Avdeeva et al. (2022) stellten jedoch fest, dass die Transformation des Geschäftsmodells die Veränderung von mindestens zwei Komponenten erfordert. Sie wiesen auch darauf hin, dass die bloße Aktualisierung des Wertversprechens nur zu einem innovativeren Produkt führt, nicht aber zu einer Änderung des zugrunde liegenden Geschäftsmodells. Folglich ist es wichtig, sich den Veränderungsprozess genauer anzusehen.

Gemäß der Aussage von Hajishirzi (2022) über die digitale Transformation werden digitale Technologien in jedem Aspekt eines Geschäftsprozesses eingesetzt, um Geschäftsmodelle und Wertangebote zu verändern. Neue Technologien und Konzepte eröffnen die Möglichkeit, neue Werte zu schaffen und damit Geschäftsmodelle zu verändern. Folgt man dieser Sichtweise, so wirkt sich der Einsatz neuer Technologien in diesem Bereich direkt auf das Wertangebot aus. Darüber hinaus führt die erfolgreiche Umsetzung der digitalen Transformation zu einer Innovation des Wertangebots und der Wertschöpfungsnetzwerke (Hajishirzi 2022). In diesem Rahmen empfiehlt Albino (2019) sechs Handlungsfelder, um die digitale Transformation bis hin zum Geschäftsmodell umzusetzen. Diese Handlungsfelder sind Kunden, Wertversprechen, Betrieb, Daten, Organisation und Change Management. Neue Technologien bieten neue Möglichkeiten, andere Kunden oder Kundensegmente anzusprechen. Die Entwicklung neuer Wertversprechen auf Basis digitaler Technologien entspricht neuen Kundenbedürfnissen und ermöglicht die Ansprache potenziell neuer Kundengruppen (Setzke, et al. 2019). Die Erfahrung mit anderen digitalen Diensten beim Konsum von Produkten und Dienstleistungen schafft eine Fülle von neuen Erwartungen und Bedürfnissen bei den Kunden.

Tabelle 4.5 Einflussfaktoren auf das Werteversprechen und die Transformation des Geschäftsmodells

Bereich	Beschreibung
Netzwerk	Um eine Interaktion zwischen Datenproduzenten und einer verarbeitenden Einheit zu ermöglichen, werden latenzarme Netzwerkarchitekturen wie Edge Computing benötigt, um diese nutzenstiftend in den Wertschöpfungsprozess zu integrieren (Wang 2020). Die mögliche kontinuierliche Verbindung zwischen den verschiedenen Geräten bietet Potenziale für neue Wertschöpfungsangebote. Digitale Technologien wie intelligente Produkte oder Internet der Dinge Plattformen eröffnen neue Möglichkeiten für die Entwicklung innovativer Wertbeiträge (Wolf 2020). Unternehmen stehen in diesem Spannungsfeld vor der Herausforderung, das Potenzial und die Grenzen des Internets der Dinge zu verstehen, um geeignete Wertversprechen zu entwickeln. Die Herausforderungen begründen sich darin, dass das Internet der Dinge an vielen Stellen neue Wertbeiträge erfordert, welche wiederum ein entscheidendes Element jedes Geschäftsmodells sind (Molling und Klein 2020). Durch den Einsatz von Internet der Dinge Anwendungen verlagern Wettbewerber den Fokus des Wertversprechens von den eigentlichen Produkten oder den Dienstleistungen hin zu digitalen Zusatznutzen, welche durch Daten und deren Analysen entstehen (Omerovic, Islam und Buxmann 2020). Internet der Dinge basierende Wertversprechen stehen jedoch vor technischen Hürden. Das Internet der Dinge besteht aus dem Zusammenspiel komplexer Technologien. Diese Eigenschaften und Bedarfe sind jedoch in den derzeitigen Rahmenwerken zur Unterstützung der Geschäftsmodellierung und der Definition von Wertversprechen nicht oder nur verkürzt erfasst worden (Molling and Klein 2020).

(Fortsetzung)

Tabelle 4.5 (Fortsetzung)

Bereich	Beschreibung
Daten verarbeitung	*„Daten und ihre Analyse können neues Wissen generieren, das als neues Wertangebot für den Kunden dienen kann"* (Kühne und Böhmann 2020). Für Unternehmen erfordert dies jedoch den Aufbau von Fähigkeiten, die es ermöglichen, Daten mit analytischen Methoden in Werte umzuwandeln (Madhala, Li und Helander 2021). Entscheidungsfindung basierend auf den Ergebnissen von analytischen Methoden erfordert eine datengetriebene Kultur innerhalb der Organisation selbst. Die Unternehmenskultur muss hierbei ein Bewusstsein für den Wert widerspiegeln, den analytische Datenverarbeitung für die Organisation haben kann. Dies Fähigkeiten können Unternehmen nutzen, um das Geschäftsmodell so zu erneuern, dass dieses in einem wettbewerbsorientierten Umfeld weiterhin bestehen kann (Madhala, Li und Helander 2021). Um die Vorteile aus den heutzutage zumeist großen vorhandenen Datenmengen (Big Data) zu generieren, können Unternehmen analytische Methoden einsetzen. Auf diese Art und Weise kann vorhandenes, aber bisher unbekanntes Wissen aufgedeckt und eingesetzt werden (Madhala, Li und Helander 2021). In diesem Zusammenhang erwähnt Wang (2020) das Beispiel einer Airline, welche das Konzept von Big Data als Grundlage für die Umstellung ihres traditionellen Geschäftsmodells nutzte. Darin werden die Kunden als Mitgestalter der Wertschöpfung gesehen.

(Fortsetzung)

Tabelle 4.5 (Fortsetzung)

Bereich	Beschreibung
Informationssystem	Die erfolgreiche Implementierung von Informationssystemen ist von grundlegender Bedeutung, um in der heutigen digitalisierten und komplexen Wettbewerbsumgebung ein besseres Wertangebot zu erzielen (Leso, Cortimiglia und ten C. 2022). In diesem Kontext stellte ein Dienstleistungssystem eine dynamische Konfiguration von Menschen, Technologien, Organisationen und gemeinsamen Informationen dar, die durch Wertversprechen miteinander verbunden sind. Die entstehenden Wertvorstellungen des Dienstleistungssystems können daher im Laufe der Zeit zu einer gemeinsamen Wertschöpfung beitragen (Siddike, Hidaka und Kohda 2021). Die Verbindungen in und zwischen Dienstleistungssystemen basieren auf Wertversprechen. Intelligente Produkte ermöglichen als Schlüsselfähigkeiten verschiedene Optionen für individualisierte Wertversprechen. Im Kontext intelligenter Dienstleistungssysteme fokussieren diese sich nicht nur auf die Kunden-Anbieter-Perspektive, sondern unterstützen auch die Verbindung zwischen mehreren Akteuren (Brogt und Strobel 2020).
IT-Sicherheit und Datenschutz	Die Einführung neuer digitaler Technologien ist immer auch durch Sicherheitsfragen geprägt. Der Nutzen der neuen Technologien sollte den Aufwand für ihre Nutzung, die Sicherheitsrisiken, den Datenschutz und die anfallenden Kosten kompensieren. Diese Hürde ist bei der Gestaltung innovativer Wertversprechen zu berücksichtigen (Molling und Zanela Klein 2022). Marinakis et al. (2021) halten in ihrem Beitrag fest, dass Unternehmen vor allem aufgrund von Datenschutz- und Sicherheitsbedenken zögerten, IoT-basierte Wertangebote zu nutzen. Während die technologische Entwicklung eine Chance für Unternehmen darstellt, bestehende Wertversprechen zu verändern oder sogar neue zu entwickeln, sehen etablierte Unternehmen die digitale Transformation oft als existenzielle Bedrohung (Noesgaard, et al. 2023).

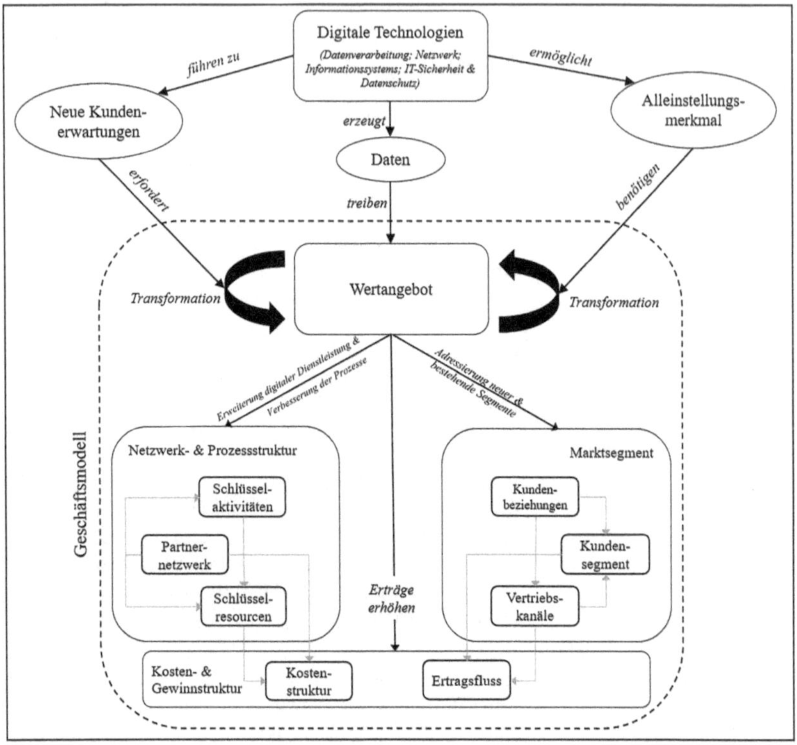

Abbildung 4.6 Beziehungen zwischen digitaler Technologie, Wertversprechen und Geschäftsmodellen

Unternehmen müssen daher auch mit bewährten Geschäftsmodellen zu neuen Wertangeboten übergehen (Albino und Souza 2019). Darüber hinaus entstehen neue Bedürfnisse der bestehenden Kunden. Bestehende Organisationen sind gezwungen, ihre Geschäftsmodelle und Wertversprechen an die neuen Bedürfnisse ihrer Kunden anzupassen. Mit digital erweiterten Produkten können Unternehmen völlig neue Lösungen anbieten, ihr Serviceangebot verbessern oder neue Kundensegmente ansprechen (Omerovic, Islam und Buxmann 2020). Die digitale Transformation erfordert, dass Unternehmen ihr Wertversprechen überdenken (Albino und Souza 2019). Dazu gehört aber auch, dass ein Wandel von einem rein produktbasierten Wertversprechen hin zu mehr Serviceorientierung notwendig ist (Kühne und Böhmann 2020). Kunden fordern innovative Angebote, die digitale Technologien nutzen (Albino und Souza 2019). So werden traditionelle Geschäftsmodelle mit physischen Maschinen durch datenbasierte Analytik ergänzt, um neue Wertangebote zu schaffen (Weber, et al. 2022). Traditionelle Fertigungsunternehmen stehen vor der Herausforderung, durch datengesteuerte Dienstleistungen neue Wertversprechen zu generieren. Dies erfordert in der Regel die Anpassung bestehender Geschäftsmodelle (Setzke, et al. 2019) und wirkt sich auf ein Wertversprechen aus (Kühne und Böhmann 2020). Organisationen sind gezwungen, digitale Technologien in ihre Geschäftsmodelle einzubringen und den Einfluss des transformierten Wertversprechens auf ihre Geschäftsleistung zu erhöhen (Hajishirzi 2022). Dabei wird die Verbindung aus Daten und einem Wertversprechen essenziell und führt zu datengesteuerten Geschäftsmodellen (Kühne und Böhmann 2020). Es kann festgestellt werden, dass eine Transformation des Wertangebots notwendig ist, wenn die technologischen Einflussfaktoren zu den folgenden drei Phänomenen führen:

- Neue Technologien führen zu einer veränderten Erwartungshaltung auf Seiten der Kunden. Die Umgestaltung des Wertversprechens muss sicherstellen, dass bestehende Kunden gehalten oder neue Kunden gewonnen werden können (Setzke, et al. 2019).
- Es wird möglich, ein Alleinstellungsmerkmal zu entwickeln, indem Technologie genutzt wird, um einen Wettbewerbsvorteil zu schaffen (Setzke, et al. 2019).
- Durch Technologie generierte Daten führen zu datengesteuerten Geschäftsmodellen und verändern somit das Wertversprechen (Kühne und Böhmann 2020).

4.2.5 Effekte der Geschäftsmodelltransformation

Alle ermittelten Auswirkungen, Zusammenhänge und beschriebenen Verbindungen sind in Abbildung 4.6 zusammengefasst. Neue digitale Technologien ermöglichen es Organisationen, einzigartige Wertversprechen zu entwickeln. Gleichzeitig müssen aber auch die daraus resultierenden Erwartungen an neue digitale Technologien erfüllt werden (Setzke, et al. 2019). Beide Faktoren erfordern eine Transformation des Wertversprechens. Zusätzlich wirkt sich die kontinuierliche

Erhebung von Daten durch digitale Technologien auf das Wertversprechen aus (Kühne und Böhmann 2020). Dies wiederum hat Auswirkungen auf die anderen Komponenten des Geschäftsmodells (Avdeeva, et al. 2022, Osterwalder, Pigneur und Oliveira, et al. 2011). Bestehende Marktsegmente müssen bedient werden, oder es müssen neue erschlossen werden. Prozesse müssen optimiert und automatisiert werden, um die Effizienz zu steigern. Die Einnahmen müssen entsprechend gesteigert werden. Außerdem müssen neue Werte in die Wertepalette aufgenommen werden. Die durchgeführte wissenschaftliche Literatur hat nach Cooper (1998) die derzeit weit verbreiteten Definitionen und Beschreibungen von Wertvorstellungen ermittelt. Auf diese Weise wurden 71 relevante Veröffentlichungen identifiziert und einer gezielten Analyse unterzogen. Das Ergebnis ist eine Zusammenfassung der Definitionen in drei identifizierten Teilbereichen: 1) Produkte und Dienstleistungen, 2) Wettbewerbsvorteil und 3) Ausdruck innerhalb eines Geschäftsmodells. Das Ergebnis der durchgeführten Untersuchung stellt somit eine Zusammenfassung der aktuellen Sichtweise auf den Forschungsgegenstand dar und bildet die Grundlage für weitere Untersuchungen in diesem Bereich. Für Unternehmen stellt dies auch eine Orientierung und einen Ausgangspunkt dar, um die Transformation ihres Wertversprechens voranzutreiben oder zu definieren. Die Erkenntnisse sind natürlich durch die Methodik begrenzt. Der Fokus lag hier nur auf der Analyse der wissenschaftlichen Literatur. Dabei wurden der aktuelle Stand der Forschung zusammengefasst und Forschungslücken aufgedeckt. Aufgrund der großen Menge an Publikationen ist dies zwingend notwendig, um die wissenschaftliche Diskussion in ihrer Gesamtheit voranzutreiben. Durch die Zusammenfassung und Konsolidierung der Erkenntnisse wird eine zielgerichtetere weitere Diskussion durch das Take-away möglich: Das Wertversprechen kommt im Geschäftsmodell einer Organisation zum Ausdruck. Es beschreibt den Wert der Produkte und Dienstleistungen, die den Kunden angeboten werden und verfolgt das Ziel, einen Wettbewerbsvorteil für die Organisation zu generieren. Darüber hinaus besteht in der Literatur ein Konsens, dass das Wertversprechen ein wesentlicher Bestandteil des Geschäftsmodells ist.

Es konnten Technologieeinflussfaktoren, wie z. B. Verbindungen zu den Geschäftsmodellen, identifiziert werden. Diese wurden aus der aktuellen wissenschaftlichen Diskussion durch eine Literaturrecherche abgeleitet und zusammengefasst. Insgesamt hat die Forschung folgende Erkenntnisse gewonnen: 1) Die technologischen Einflussfaktoren (Datenverarbeitung, Netzwerk, Informationssysteme, wie z. B. IT-Sicherheit und Datenschutz) 2) Identifizierte Phänomene: a) Neue Kundenerwartungen, ausgelöst durch die technologischen Einflussfaktoren; b) Die Möglichkeit, ein Alleinstellungsmerkmal zu entwickeln; c) Datengetriebene Geschäftsmodelle.

Die gewonnenen Erkenntnisse weisen auf die Notwendigkeit hin, dass Organisationen ihren Wertanteil neugestalten oder umwandeln müssen. Darüber hinaus wird sich diese Veränderung oder Neugestaltung auch auf das gesamte Geschäftsmodell auswirken. Daher sind die identifizierten und zusammengefassten Zusammenhänge von großer Bedeutung. Sie können Unternehmen dabei unterstützen, ihr Wertversprechen zu erstellen, zu analysieren oder neu zu gestalten. Neben diesem Nutzen für Unternehmen haben die Forschungsergebnisse auch eine wissenschaftliche Bedeutung. Die Zusammenfassung des Ist-Zustandes sowie die Identifikation relevanter Faktoren und Zusammenhänge im betrachteten Rahmen tragen zur wissenschaftlichen Diskussion bei. Die Aufdeckung der Zusammenhänge zwischen Wertversprechen und Geschäftsmodellen bildet die Grundlage für künftige Forschungen in diesem Kontext. Die Übertragung der Erkenntnisse auf konkrete Anwendungsszenarien und -bereiche ist dabei nur ein mögliches Thema. Denn die gewonnenen Erkenntnisse sind durch ihren hohen Generalisierungsgrad begrenzt. Unterschiede und Besonderheiten zwischen verschiedenen Anwendungsbereichen oder Branchen wurden hier nicht berücksichtigt. Dies regt die Diskussion an und bietet neue Ansatzpunkte für Unternehmen und Forschung. Die wichtigste Erkenntnis sind die identifizierten Zusammenhänge und Wechselwirkungen zwischen digitaler Technologie, Wertversprechen und Geschäftsmodell.

4.3 Betrachtungsgegenstand – Quality Assurance Prototype

Aufbauend auf den gewonnenen Erkenntnissen erfolgt in diesem Abschnitt die Beschreibung der Entwicklung eines Design Artefakts im Rahmen eines gestaltungsorientierten Forschungsansatzes. Die gewonnenen theoretischen Einsichten dienen dabei als Wissensbasis, um das Artefakt innerhalb einer definierten Umwelt iterativ zu gestalten und zu evaluieren. Ziel ist es hierbei, praxisorientierte Untersuchungen mit den gewonnenen Erkenntnissen zu verknüpfen, um dadurch die Brücke zwischen Theorie und Anwendung zu schlagen. Das entwickelte Artefakt umfasst einen Prototyp zur Qualitätssicherung in der Fertigung und ist dabei eng mit dem Erkenntnis- und Gestaltungsziel der Dissertation verknüpft. Im Zentrum steht die Frage, wie und unter welchen Bedingungen der Einsatz von CVS in Unternehmen zu neuen oder veränderten Wertangeboten führen kann. Durch die iterative Entwicklung und Evaluation des Artefakts wird zudem Beitrag zur wissenschaftlichen Diskussion sowie zur praxisnahen Umsetzung von CVS geleistet.

In diesem Kontext lässt sich der Entdeckungszusammenhang gemäß Töpfer (2012, 78) als das Ergebnis des Begründungs- und Verwertungszusammenhangs verstehen. Dies bedeutet, dass Erkenntnis sowohl durch Theorie als auch durch Technologie erlangt werden kann. Indem die entwickelten Gestaltungsempfehlungen auf fundierten theoretischen Grundlagen beruhen und gleichzeitig technologische Innovationen integrieren, wird eine Verbindung zwischen wissenschaftlicher Erkenntnis und praktischer Relevanz geschaffen. Dieses Zusammenspiel bildet die Grundlage für die Gestaltung und Umsetzung nachhaltiger Wertangebote durch den Einsatz von CVS. Während im Bereich der Theorie die Ursache-Wirkungs-Beziehungen im Fokus stehen, liegt der Fokus des Erkenntnisgewinns durch Technologie in der *„Bewertung der Wirtschaftlichkeit und Wirksamkeit von Gestaltungs- und Handlungskonzepten/-empfehlungen“* (Töpfer 2012, 78). Diesem Ziel folgend wurde im Rahmen der durchgeführten Forschung ein Image Mining Prototyp zur Qualitätssicherung entwickelt. Methodisch wurde hierfür ein Design Science Forschungsansatz nach Hevner und Chatterjee (2010) verwendet.

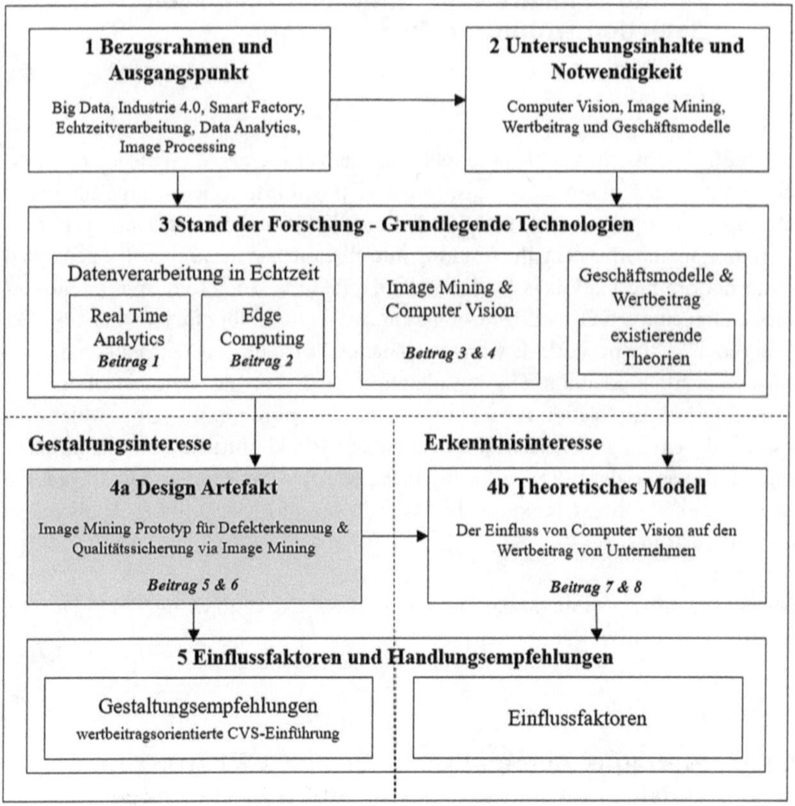

Abbildung 4.7 Untersuchungsdesign – Betrachtungsgegenstand

Das entwickelte Artefakt, das Vorgehen sowie die erzielten Erkenntnisse wurden in den Beiträgen 5 und 6 publiziert, welche in den folgenden Abschnitten 4.3.1 sowie 0 in diese Arbeit integriert sind. Die Abbildung 4.7 zeigt die Einordnung der Publikationen in das Untersuchungsdesign der Dissertationsschrift.

4.3.1 Beitrag 5: Image Mining for Real Time Fault Detection within the Smart Factory

In: IEEE CBI 2019

Abstract. Quality management in real time enables increased efficiency of a production process. A multitude of sensors make it possible to collect a large amount of data and builds the basis for a real time fault detection in the Smart Factory. Hence, it is important that this data, the resulting information, and the knowledge generated by the algorithmic analysis is available at the right time. Therefore, appropriate network architectures such as Edge Computing are required for efficient data transfer. In this context, the paper deals with the challenges of analyzing data gathered by an image sensor in production. The consideration is based on the implementation of an Image-Mining-Application for real time error detection in production, which was developed by a design science research approach. In addition to identifying the challenges in this area, algorithms with a high accuracy of fit could be identified. Thus, the results obtained form an important basis for the use of Image-Mining-Applications in Smart Factories.

Keywords: Image Mining, Real Time Analytics, Edge Computing, Smart Factory, Industry 4.0, Quality Management

4.3.2 Beitrag 6: Automatisierte Qualitätssicherung und Defekterkennung in der Produktion via Image Mining und Computer Vision – Ein Prototyp für Additive Fertigungsverfahren

In: HMD 56 (2019); Überarbeitete Version in Big Data Analytics (2021)

Abstract. Systeme zur Defekterkennung und Qualitätssicherung in der Produktion verfolgen das Ziel, Ausschussraten zu minimieren und Qualitätsstandards einzuhalten. Die dadurch angestrebte Reduktion der Produktionskosten folgt dem übergeordneten Ziel der Maximierung der Wertschöpfung. Zu diesem Zweck lassen sich bildbasierende- sowie analytische Methoden und Techniken kombinieren. Die Konzepte Computer Vision und Image Mining bilden hierbei die Grundlage, um aus Bilddaten einen Wissensgewinn im Hinblick auf die Produktqualität zu generieren. Im Rahmen dieses Beitrages wurde ein Design Artefakt in Form eines

Prototyps zur Defekterkennung und Qualitätssicherung im Bereich der Additiven Fertigung mittels eines gestaltungsorientierten Forschungsansatzes entwickelt. Die Wissensbasis für diesen Ansatz wurde innerhalb einer strukturierten Literaturanalysen erarbeitet. Der Fokus hierbei liegt auf der Identifikation und Analyse von besagten Systemen in den verschiedenen Bereichen und Branchen der Produktion. Dabei ließen sich eine Reihe von Techniken und Methoden identifizieren, die sich in den Sektor der Additiven Fertigung übertragen und gewinnbringend einsetzen lassen. Es handelt sich dabei um Methoden aus den Bereichen der Bildaufnahme, der Vorverarbeitung sowie der algorithmischen Analyse. Es konnten zudem keine Barrieren für den Einsatz von Computer-Vision- und Image-Mining-Techniken identifiziert werden, die einen Einsatz auf bestimmte Bereiche der Produktionen und Produktionsszenarien begrenzen. Die Ergebnisse dieses Beitrags stellen somit grundlegende Erkenntnisse für die Entwicklung anwendungsbezogener Defekterkennungs- und Qualitätssicherungssysteme in verschiedenen Branchen und Bereichen der Produktion dar.

Keywords. Additive Fertigung, Computer Vision, Defekterkennung, Image Mining, Qualitätssicherung, Produktion

4.4 Einfluss auf den Wertbeitrag und Geschäftsmodelle

Die vorangegangene Entwicklung des Design Artefakts hat nicht nur praktische Gestaltungsempfehlungen für den Einsatz von CVS hervorgebracht, sondern auch wichtige theoretische Einsichten in die zugrunde liegenden Mechanismen und Bedingungen ermöglicht. Aufbauend auf den gewonnenen Erkenntnissen und Zusammenhängen durch die Entwicklung des Design Artefaktes wurde ein theoretisches Modell entwickelt, um die Ursache-Wirkungs-Beziehungen zwischen dem Einsatz von CVS und den Geschäftsmodellen von Unternehmen zu untersuchen. Um einen Beitrag zur Schließung der betrachteten Forschungslücke zu leisten, wurde in diesem Zusammenhang ein Mixed-Methods Forschungsansatz angelehnt an Kuckartz (2014) angewandt. Dieses Vorgehen zielt darauf ab, eine generalisierbarere Sicht auf den Untersuchungsgegenstand zu erhalten.

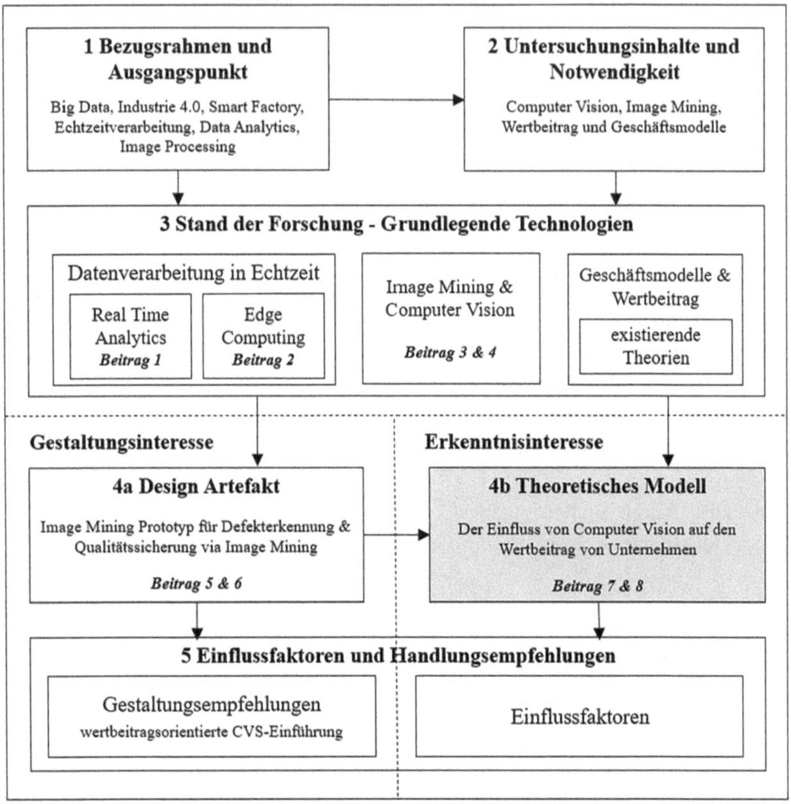

Abbildung 4.8 Untersuchungsdesign – Theoretisches Modell

Dieser Abschnitt umfasst die Beschreibung der Herleitung und Entwicklung des theoretischen Modells sowie die in diesem Zusammenhang publizierten Beiträge. Wie der Abbildung 4.8 zu entnehmen ist, folgt dies dem Erkenntnisinteresse der Dissertationsschrift.

4.4.1 Herleitung des theoretischen Modells

Um Zusammenhänge zwischen analytischer Bildverarbeitung und Geschäftsmodellen von Organisationen zu untersuchen ist zunächst eine Analyse der bestehenden wissenschaftlichen Literatur notwendig. In der wissenschaftlichen Diskussion existieren Modelle, Theorien und Ansätze, welche Teilphänomene des Untersuchungsgegenstandes beschreiben. In diesem Spannungsfeld konnte das *Technology Organization Environment* (TOE) Framework von Tornatzky und Fleisher (1990), das *Unified Framework of the Business Model Concept* von Al-Debei und Avison (2010) sowie das *Task Technology Fit* (TTF) Modell von Goodhue und Thomson (1995) als relevante Modelle beziehungsweise Theorien identifiziert werden. In diesem Abschnitt werden daher die drei Ansätze vorgestellt und deren Übertragbarkeit ausgeführt. Dabei wird auch die Eignung für die Betrachtung des Untersuchungsgegenstandes dargestellt.

4.4.1.1 Technology Organization Environment

Bereits im Jahre 1990 wurde das TOE Tornatzky und Fleischer vorgestellt. Grundlegend beschreibt diese Faktoren, welche die Technologieeinführung oder -übernahme sowie deren Wahrscheinlichkeit beeinflussen. Es wird der Prozess betrachtet, welcher dazu führt, dass ein Unternehmen eine technologische Innovation einführt und dauerhaft nutzt. Die Abbildung 4.9 zeigt das TOE sowie die betrachteten Einflussfaktoren: Umwelt, Organisation und Technologie.

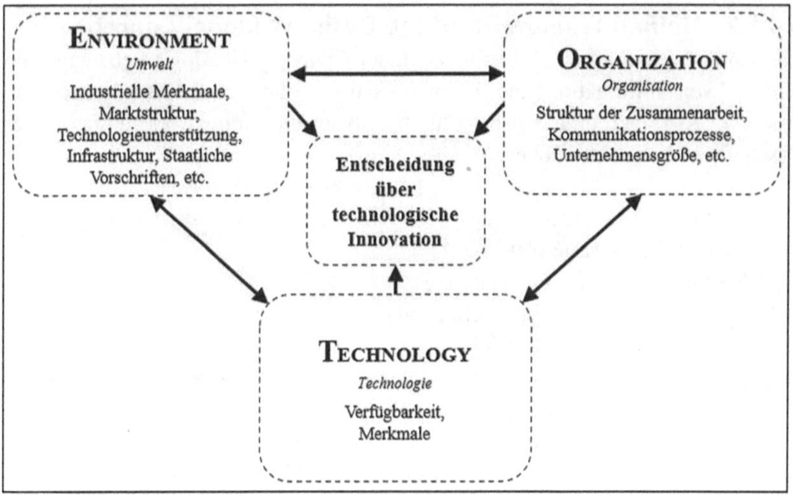

Abbildung 4.9 Technology Organization Environment Framework (Tornatzky und Fleischer 1990)

Der *technologische Kontext* umfasst die internen und externen Technologien, die für das Unternehmen relevant sind. Technologien können sowohl Anlagen als auch Prozesse umfassen. Der *organisatorische Kontext* bezieht sich auf die Merkmale und Ressourcen des Unternehmens, einschließlich der Größe des Unternehmens, des Zentralisierungsgrades, des Formalisierungsgrades, der Führungsstruktur, der Humanressourcen, der Menge der freien Ressourcen und der Verbindungen zwischen den Mitarbeitern. Der *Umweltkontext* umfasst die Größe und Struktur der Branche, die Wettbewerber des Unternehmens, den makroökonomischen Kontext und das regulatorische Umfeld. Alle drei Bereiche können sowohl einen Zwang als auch eine Chance für die Einführung einer technologischen Innovation, wie ein CVS, darstellen. Sie beeinflussen daher die Art und Weise, wie ein Unternehmen die Notwendigkeit einer neuen Technologie betrachtet und bei sich implementiert (Tornatzky und Fleischer 1990). Für das entwickelte theoretische Modell sind hierbei die drei Einflussbereiche Umwelt, Technologie und Organisation relevant. Diese Konstrukte lassen sich im Hinblick auf CVS als Technologie, das Unternehmen, in welchem es Anwendung findet und die externen Einflussfaktoren übertragen. Dabei sind vor allem die Beziehungen zwischen den Konstrukten von Interesse und finden Übertragung in das theoretische Modell.

4.4.1.2 Unified Framework of the Business Model Concept

Das Unified Framework of Business Model Concept (UFBMC) betrachtet den Einfluss von Information und Kommunikationstechnik auf Geschäftsmodelle. Das von Al-Debei und Avison (2010) entwickelte Framework umfasst vier Geschäftsmodell Dimensionen:

- Value Proposition (Wertbeitrag)
- Value Network (Werte Netzwerk)
- Value Finance (Werte Finanzierung)
- Value Architecture (Werte Architektur)

Zudem werden Leitlinien und Merkmale zur Geschäftsmodellierung in zusammengefasster Form präsentiert und die Hauptfunktionen von Geschäftsmodellen in Unternehmen beleuchtet. Der entscheidende Punkt, welcher die größte Relevanz für das im Rahmen dieser Dissertationsschrift entwickelte theoretische Modell besitzt, sind die die von Al-Debei und Avison (2010) betrachteten Wechselwirkungen zwischen Strategie, Geschäftsprozessen und Informationssystemen. Diese sind für den Untersuchungsgegenstand rund um ein CVS innerhalb eines Unternehmens relevant.

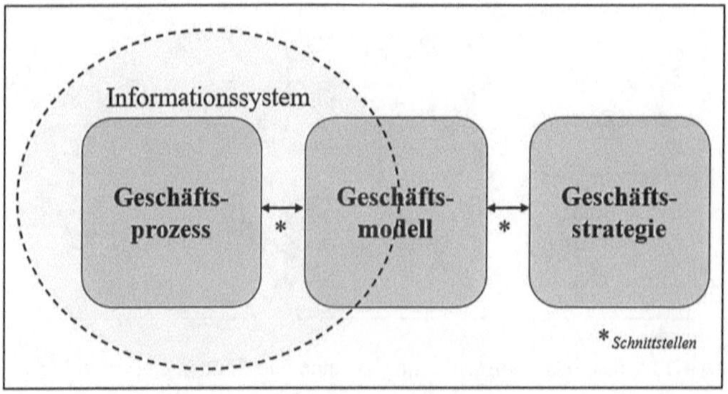

Abbildung 4.10 Unified Framework of Business Model Concept von Al-Debei und Avison (2010)

Abbildung 4.10 illustriert diese Zusammenhänge und Wechselwirkungen nach Al-Debei und Avison (2010), welche in das entwickelte theoretische Modell einfließen. Folgt man der Argumentation der Autoren, dann werden Geschäftsprozesse sowie die Nutzung von Informationstechnologie vom Geschäftsmodell abgeleitet. Durch den Technologieeinsatz lassen sich jedoch die Geschäftsprozesse ausgestalten und nehmen dadurch wiederum Einfluss auf die Geschäftsmodelle. Dieser Einfluss ist es, welcher innerhalb der Dissertationsschrift untersucht wird. Darin begründet sich die Verwendung des Unified Framework of the Business Model Concept für die Entwicklung des theoretischen Modells.

4.4.1.3 Task Technology Fit

Wie den beiden vorangegangen Abschnitten zu entnehmen ist, ist das entwickelte theoretische Modell, welches den Einfluss von CVS auf Geschäftsmodelle aufzeigt, durch das TOE sowie das UFBMC inspiriert. Aus diesen beiden Frameworks wurden einzelne Beziehungen und Wechselwirkungen zwischen Faktoren und Variablen abgeleitet und übernommen. Die Grundidee des entwickelten theoretische Modells basiert jedoch auf dem Task Technology Fit (TTF) Modell von Goodhue und Thomson (1995), welches in Abbildung 4.11 dargestellt ist.

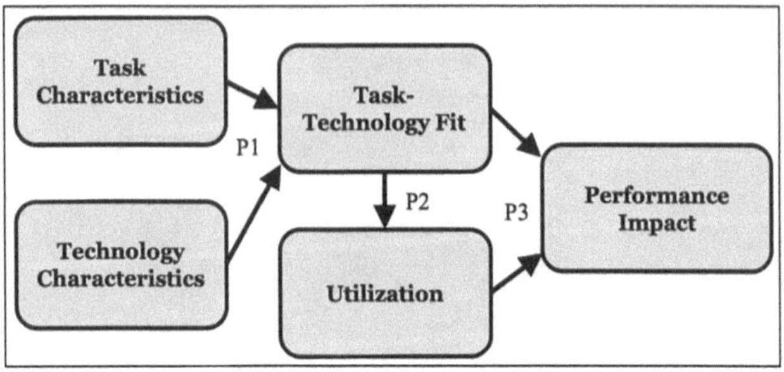

Abbildung 4.11 Tast Technology Fit von Goodhue und Thomson (1995)

Tabelle 4.6 Zusammenhänge im Tast Technology Fit von Goodhue und Thomson (1995)

ID	Original	Übersetzung
P1	Do Task and Technology Characteristics predict TTF?"	Bestimmen Aufgaben- und Technologiecharakteristika die Eignung der Technologie für die Aufgabe?
P2	Does TTF predict utilization?	Prognostiziert die Eignung der Technologie für die Aufgabe die Nutzung?
P3	Does TTF predict performance impact better than utilization alone?	Prognostiziert die Eignung der Technologie für eine Aufgabe die Auswirkungen auf die Performance besser als die alleinige Nutzung?

Der Schwerpunkt des TTF liegt in dem Verständnis, inwieweit der Einsatz von Technologie zu einer verbesserten Leistung beiträgt. Die TTF besagt dabei grundsätzlich, dass sich der Einsatz von Technologie positiv auf die Leistung auswirkt, wenn die Fähigkeiten der Technologie zu der Charakteristik der Aufgabe passt (Goodhue und Thomson, 1995). Diese Grundannahme eignet sich für die Betrachtung der Auswirkungen von CVS auf das Wertangebot von Organisationen und wird daher für diese übernommen. Es liegt auf der Hand, dass eine gute Übereinstimmung zwischen den Merkmalen von Technologie und Aufgabe zu einer Leistungssteigerung führen kann. Folgt man der Annahme des TTF, verstärkt sich dieses Phänomen mit zunehmender Nutzung. Im Kontext von CVS ist dies durch eine kontinuierliche Verbesserung des analytischen Modells zu erwarten. Die Verbesserung dessen Performance kann sich durch die Optimierung einer Vielzahl an Faktoren und Variablen begründen. Auch eine kontinuierliche Erweiterung und Verbesserung von Trainingsdaten können zu diesem Phänomen beitragen.

4.4.1.4 Theoretisches Modell

Nachdem die grundlegenden theoretischen Überlegungen und die zugehörigen Modelle und Frameworks vorgestellt wurden, werden diese relevanten Ausschnitte und Zusammenhänge in das theoretische Modell überführt. Zu diesem Zweck werden zunächst die abgeleiteten Variablen in Tabelle 4.7 aufgezeigt. Die Variablen wurden im Vorfeld der Modellentwicklung mittels Vorstudien identifiziert. Diese entspringen daher zum einen aus den durchgeführten Literaturanalysen, zum anderen aus der Entwicklung des Design Artefakts. Tabelle 4.7 listet neben den identifizierten Variablen auch deren Typ sowie Ursprung.

Tabelle 4.7 Variablen des Wertangebots im Bereich von Computer Vision Systemen

ID	Variable	Typ	Herkunft
AC1	Application Case	unabhängig	(Goodhue und Thomson 1995)
AC2	Task Latency	unabhängig	1RTA
O1	Organization Size	unabhängig	5QA
O2	Industry	unabhängig	5QA
TC1	Real Time Technology	unabhängig	1RTA
TC4	Analytical Methods	unabhängig	4CVP
PO1	Process Latency	abhängig	4CVP; 1RTA
PO2	Process Costs	abhängig	4CVP
PO3	Output Quality	abhängig	4CVP; 5QA
PO4	Output Quantity	abhängig	4CVP; 5QA
BM2	Value Proposition	abhängig	(Teece 2018) (Osterwalder und Pigneur 2010)

Die identifizierten Variablen wurde zunächst in den Kontext des TTF gesetzt, wie der Abbildung 4.12 zu entnehmen ist. Dabei wurden die unabhängigen Variablen in die zwei Bereiche des TTF einsortiert: Task Characteristics und Technology Characteristics. Die abhängigen Variablen beschreiben den Einfluss auf die Performance des Unternehmens. Dies unterteilt sich in den Einfluss auf den Prozess sowie den Output, also das Produkt oder den Service des Unternehmens. Diese wiederum beeinflussen den Wertbeitrag und damit das Geschäftsmodell.

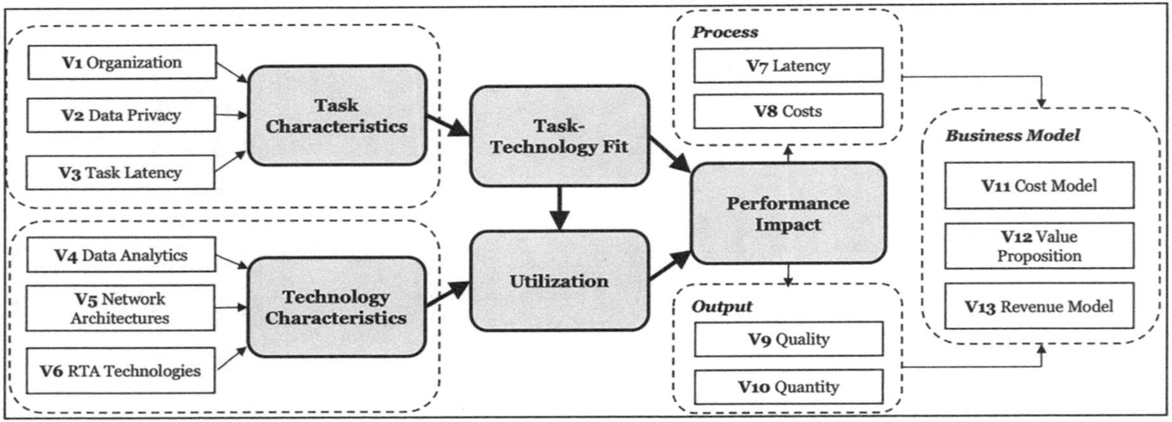

Abbildung 4.12 Theoretisches Modell – Tast Technology Fit

Das TTF überträgt sich auf den Untersuchungsgestenstand mit der Grundaussage, dass wenn das CVS eine hohe Passgenauigkeit zur zugrundeliegenden Aufgabe hat, dann wirkt sich das positiv auf den Prozess sowie den Output und damit auf das Geschäftsmodell aus. Neben dieser Grundannahme des TTF sind auch Annahmen aus dem TOE (Tornatzky und Fleischer 1990) sowie dem UFBMC (Al-Debei und Avison 2010) Bestandteile des entwickelten theoretischen Modells. Die übertragenen Phänomene sind in Abbildung 4.13 und Abbildung 4.14 dargestellt.

Das TOE umfasst die Kernaussage, dass die Entscheidung über die Einführung einer Technologischen Innovation von Faktoren aus der Umwelt (Environment), dem Unternehmen selbst (Organization) sowie der Technologie abhängig ist. Die technologische Innovation stellt hierbei das CVS dar, deren Einführung von diesen drei Faktoren abhängig ist. Das UFBMC (Al-Debei und Avison 2010), welches ebenfalls Einfluss auf das entwickelte theoretische Modell nimmt, beschreibt die Interaktion und Zusammenhänge zwischen Geschäftsprozess, Geschäftsmodell und Unternehmensstrategie. Diese sind der Abbildung 4.14 zu entnehmen. Dabei ist für den Untersuchungsgegenstand die Wechselwirkungen zwischen Prozessen und Output auf der einen Seite sowie dem Geschäftsmodell auf der anderen Seite notwendig. Die ebenfalls im UFBMC dargestellten Unternehmensstrategie spielen für das entwickelte theoretische Modell zunächst nur eine untergeordnete Rolle.

Die Entwicklung sowie der Test des beschriebenen Modells sind in den publizierten Beiträgen 8 und 9 (siehe 4.4.2 sowie 4.4.3) beschrieben. Dabei wird sowohl die Herleitung als auch die Überprüfung mittels eines Mixed-Methods Forschungsansatz beschrieben und die erzielten Ergebnisse diskutiert.

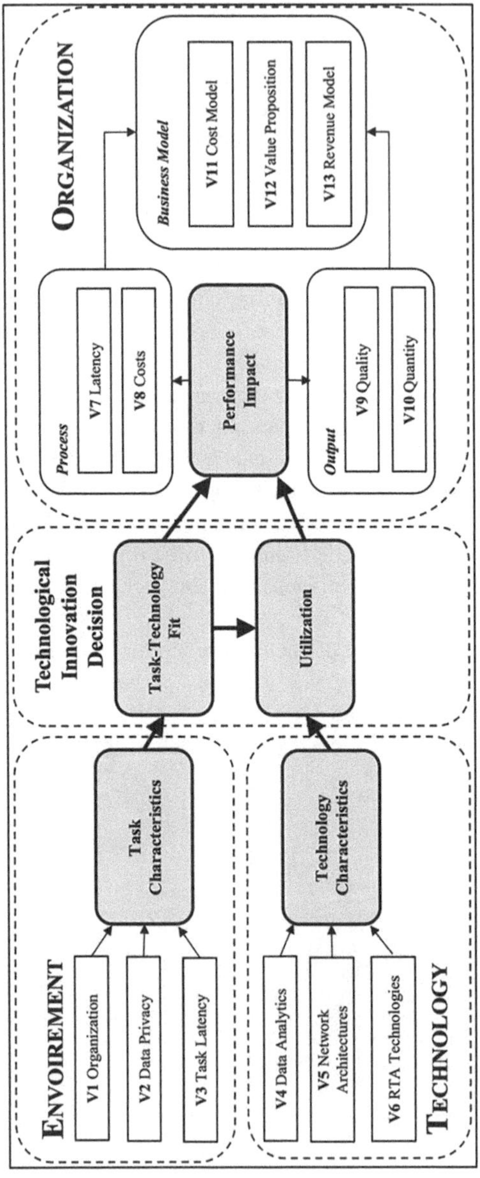

Abbildung 4.13 Theoretisches Modell – Einfluss des Technology Organization Environment Frameworks

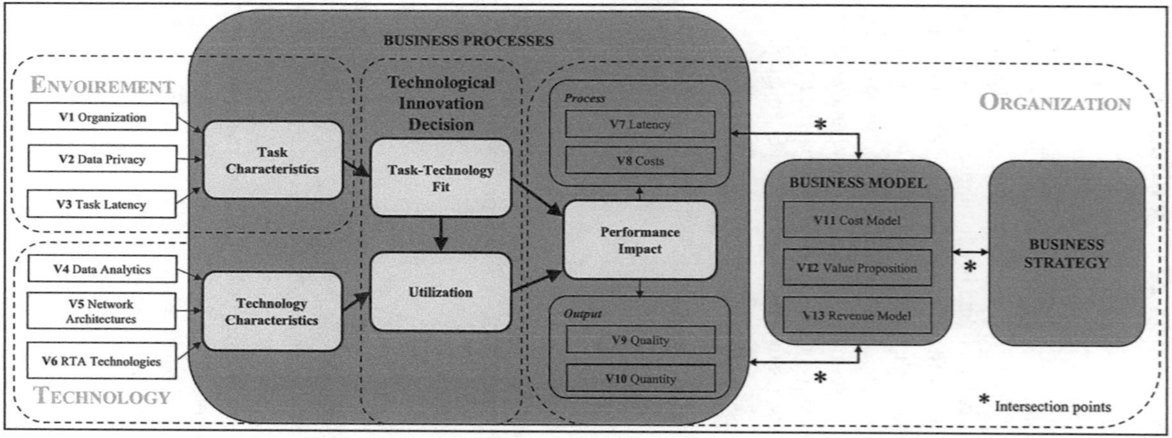

Abbildung 4.14 Theoretisches Modell – Einfluss des Unified Framework of Business Model Concepts

4.4.2 Beitrag 7: The Impact of Computer Vision Systems on Value Proposition of Organizations

In: AMCIS 2022

Abstract: The use of high-resolution image sensors and their constant networking via the Internet of Things leads to many new application scenarios for computer vision systems. Examples can be found in agriculture, manufacturing, autonomous driving, healthcare, and many more. However, the question that arises is how the use of such systems impacts the value proposition of organizations. When does the complex and sometimes expensive implementation in business processes make economic sense? These questions were addressed and analyzed with a qualitative approach as part of a mixed research method. Thereby, the most frequently prioritized objectives of the experts surveyed were to increase quality, reduce costs and increase efficiency.

Keywords: Computer Vision, Image Mining, Value Proposition, Business Models, Theoretical Model.

4.4.3 Beitrag 8: Impact of Computer Vision Systems on Value Proposition in Organizations

In: CBI 2023

Abstract: The application of automated image acquisition in combination with algorithmic image processing has the potential to produce an appropriate automatic response in every business scenario. Computer Vision Systems (CVS) can generate a similar or even more valuable response to a visual trigger than a human. Hence, there is a fundamental change driven by the implementation of these technologies. In this scope, this contribution aims to analyze the interrelationships between CVS, value proposition, and business model. For this purpose, a sequential mixed methods research approach was utilized, and a theoretical model based on the Task-Technology Fit was developed to analyze the interrelationships. As a result, relevant impact factors could be identified, which lead to the CVS affecting the value proposition and thus on the entire business model. An additional outcome represents the categorization of when business models are changed by CVS deployment and when completely new ones are formed.

Keywords: Computer Vision, Value Proposition, Business Model, Mixed Methods

4.4.4 Evaluation der Ergebnisse

Die Untersuchung des Einflusses von CVS auf den Wertbeitrag von Organisationen hat zentrale Erkenntnisse im Hinblick auf das Forschungsziel der Arbeit hervorgebracht. Es konnte aufgezeigt werden, dass CVS in verschiedenen Anwendungsszenarien einen direkten oder indirekten Beitrag zur Erhöhung des Wertbeitrages leisten können. In den meisten Fällen geschieht dies durch eine Effizienzsteigerung oder die Erhöhung der Produkt- und Dienstleistungsqualität. Die Charakteristika des Anwendungsfalles, der eingesetzten Technologien, wie die Organisation selbst beeinflussen, wie gut CVS in spezifische Aufgaben integriert werden können. Die Passung zwischen den Aufgabenanforderungen und den technologischen Möglichkeiten ist dabei ein zentraler Faktor, der die Nutzung von CVS und letztlich deren Wertbeitrag bestimmt. In diesem Zusammenhang hat CVS das Potenzial, Anwendungen in Organisationen bis hin zu einer vollständigen Automatisierung zu unterstützen. Die technischen und konzeptionellen Fortschritte der letzten Jahre ermöglichen es CVS, den Wertbeitrag zu beeinflussen und weiterzuentwickeln.

Bei genauer Betrachtung der Ergebnismenge zeigt sich, dass der Einfluss von CVS auf den Wertbeitrag insbesondere in Bereichen des autonomen Fahrens sowie der Gepäckkontrolle als besonders hoch identifiziert werden konnte. Auch die Anwendung bestimmter Algorithmen, wie Convolutional Neural Networks (CNN), Decision Tree (DT) oder Random Forest (RF), hat sich als positiv herausgestellt. Um mögliche Verzerrungen oder Fehler in den erhobenen Datensätzen zu erkennen sowie die erzielten Erkenntnisse zu validieren, wurde eine Evaluierung ausgeführt. Zu diesem Zweck wurde eine weitere quantitative Studie durchgeführt. Die Onlineumfrage adressierte im Kontrast zur vorangegangenen

Studie nicht ausschließlich Computer Vision Experten. Vielmehr richtete sich die Studie an Arbeitnehmer, welche in Unternehmen aktiv sind, die CVS einsetzen.

Tabelle 4.8 Vergleich des arithmetischem Mittels der Antworten der Studie und Evaluation

Variable	Online Umfrage *(quantitative Datenerhebung)*	Evaluation *(quantitative Datenerhebung)*
Effizienz	*nicht direkt erhoben*	3,92
Qualität	3,61	3,81
Kosten	3,61	3,58
Quantität	2,72	2,91
Latenz	3,2	3,53
Wertbeitrag	3,9	3,74
Geschäftsprozess	*nicht direkt erhoben*	2,89

Wie der Tabelle 4.8 zu entnehmen ist, sind die durchschnittlichen Werte der Antworten im Bereich der Qualitätserhöhung, Kostensenkung, Quantitätserhöhung, Latenzminimierung sowie Wertbeitrag. Die Frage der Onlineumfrage sowie der Evaluation lagen jeweils eine 5-Punkt Likert Skala (1 – gar nicht; 2 – schwach; 3 – mittel; 4- stark; 5 – sehr stark) zugrunde. Die dargestellten numerischen Werte innerhalb der Tabelle geben das arithmetische Mittel der Antworten innerhalb der Umfrage an. Die Abweichungen zwischen den Ergebnissen des arithmetischen Mittels zwischen der Online-Umfrage und Evaluation sind für die Mehrzahl der Variablen mit einer Abweichung kleiner als 0,2 im marginalen Bereich. Lediglich die Abweichungen der Ergebnisse der Latenz fallen mit 0,33 etwas höher aus und bestätigen dennoch grundlegend die Ergebnisse der Online-Umfrage.

4.5 Wertbeitragsorientierte Einführungsstrategie von Computer Vision Systemen

Neben der Gewinnung von Erkenntnissen über einen Forschungsgegenstand, besteht der Zweck der Forschung in der Erfüllung eines Gestaltungs- oder Anwendungsinteresses. Dabei wird das Ziel verfolgt, konkrete Lösungen für

Aufgaben oder Problemstellungen zu generieren (Töpfer 2012, 51). Für die Dissertationsschrift bedeutet dies, Gestaltungsempfehlungen für die Einführung von CVS in Unternehmen aus den gewonnenen Erkenntnissen abzuleiten. Diesem Ziel folgend wurden Gestaltungsempfehlungen aus den erzielten Erkenntnissen abgeleitet. Abbildung 4.15 zeigt die Einordnung des Abschnittes innerhalb des Untersuchungsdesigns. Die Grundlage für die wertbeitragsorientierte Einführungsstrategie bilden die notwendigen Aufgabenblöcke, welche im Rahmen dieser Dissertationsschrift identifiziert werden konnten. Tabelle 4.9 beinhaltet eine Auflistung aller Aufgabenblöcke sowie eine Zuordnung der einzelnen Teilaufgaben, welche die Unternehmen in den jeweiligen Bereichen bearbeiten müssen. Die Reihenfolge sowie der Ablauf der Aufgaben sind stark vom Anwendungsfall, aber auch vom Unternehmen selbst abhängig. Daher empfiehlt sich die Bearbeitung der Aufgabenblöcke mittels eines agilen Vorgehens. Auch wenn die in der Folge beschriebenen Aufgabenblöcke die grundsätzlichen durchzuführenden Schritte und Aufgaben enthalten, so sind die Spezifikation und der Ablauf dieser für jedes Unternehmen individuell vorzunehmen. Daher empfiehlt es sich den Einführungsprozess mittels agiler Methoden unter Berücksichtigung der entwickelten Aufgabenblöcke durchzuführen. Agiles Projektmanagement ermöglicht flexible Anpassung an sich potenziell ändernde Bedingungen. Es wird dabei bereits in frühen Phasen versucht, einen Wert oder Nutzen zu generieren. Ein agiles Vorgehen fördert zudem das Lernen aus den vorangegangenen Schritten (Kusay-Merkle 2021, 33), was bei der hohen Komplexität eines CVS als vorteilhaft anzusehen ist.

Den sieben Aufgabenblöcken sind 19 Teilaufgaben zugeordnet, welche in einem Zyklus zu bearbeiten sind. In ihrer Gesamtheit und ihrem Ablauf werden die einzelnen Aufgabenblöcke, deren enthaltene Aufgaben sowie deren Besonderheiten in den nachfolgenden Abschnitten erläutert. In welcher Reihenfolge und in welchem Umfang diese Aufgaben zu bearbeiten sind, lässt sich mittels agiler Methoden identifizieren. So kann frühzeitig ein Wert entwickelt werden, welcher anschließend zur Diskussion gestellt werden kann (Kusay-Merkle 2021, 33).

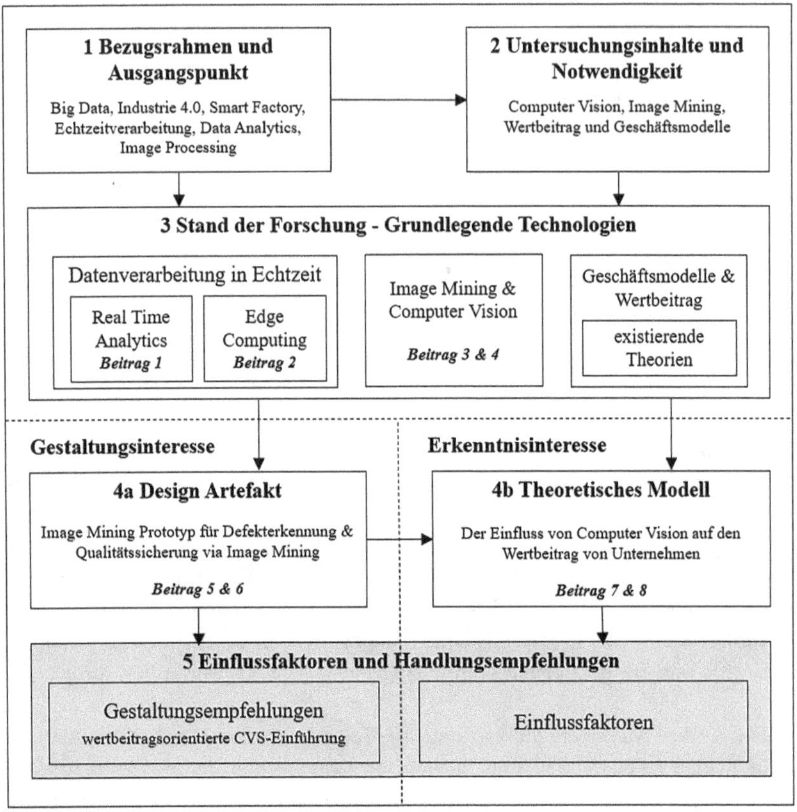

Abbildung 4.15 Untersuchungsdesign – Einflussfaktoren und Handlungsempfehlungen

Tabelle 4.9 Einzelschritte des Ablaufplans inklusive deren Schwerpunktfragen

Aufgabenblöcke	Teilaufgaben
1 Geschäfts verständnis	a) Organisationsanalyse: • Welcher Werte werden für welche Kundensegmente im Rahmen des Geschäftsmodells erstellt und wie können diese weiterentwickelt werden? • Welcher dieser Wert oder Wertbeitrag soll weiterentwickelt werden? • Welchen Einfluss kann das CVS auf das Wertverspechen und das Geschäftsmodell nehmen? b) Zielanalyse: • Welche Ziele lassen sich durch die Einführung eines CVS unterstützten oder erreichten (Qualität steigern, Quantität steigern, Latenzzeit verringern, Kosten senken)? c) Anwendungsfallanalyse: • Welche Anawendungsfälle im Unternehmen lassen sich durch CVS unterstützen?
2 Bilddatenverständnis	a) Welche Bilddaten werden benötigt und welche Anforderungen an die Bilder sind gegeben? b) Wie lassen sich diese Bilddaten generierte werden? c) Welche Vorverarbeitungsschritte und analytische Methoden können Einsatz finden?
3 IST-Analyse	a) Analyse des Ist-Standes der IT-Infrastruktur? b) Welche Voraussetzungen für die Einführung von CVS muss ein Unternehmen schaffen? c) Welche Barrieren müssen Unternehmen vor der Einführung von CVS eliminieren?
4 SOLL-Konzept	a) Computer Vision Prozess konzipieren: Konzeption der Schritte Bildaufnahmen (Image Akquisition), Bild Vorverarbeitung (Image Pre-processing), analytische Verarbeitung (Modeling), Evaluation sowie Reaktion. b) Werkezugauswahl: Welches CVS Tool oder Framework soll Verwendung finden? c) Hardwareauswahl: Um welche Hardware muss die bestehende IT-Infrastruktur ergänzt werden? d) IT-Architektur Konzeption: Konzeption Integration der benötigten Architektur Erweiterung? e) Investitionsanalyse: Wie hoch fallen die notwendigen Investitionen für das konzipierte CVS aus?
5 Implementierung	5.1 Gesamtarchitektur • Architekturimplementierung: Umsetzung und Integration der konzipierten IT-Architektur.

(Fortsetzung)

Tabelle 4.9 (Fortsetzung)

Aufgabenblöcke	Teilaufgaben
	5.2 Datenvorverarbeitung • Entwicklung des Pre-Processing Ablaufs und Automatisierung dieser.
	5.3 Analytisches Modell • Modellentwicklung: Entwicklung des Image Data Models. Auswahl und Anwendung der passenden Algorithmen?
6 Evaluation	a) Evaluation der Modellgenauigkeit: Wie hoch ist die Passgenauigkeit der gegebenen Daten zu dem entwickelten analytischen Modell? b) Evaluation der Zielerreichung: Inwieweit wurden die gesetzten Ziele durch das entwickelte CVS erreicht (Qualität, Quantität, Latenz, Kosten, Wertversprechen, etc.)? c) Investitionsevaluation: Gegenüberstellung der geplanten und der tatsächlich notwendigen Investitionen. d) Evaluation Wertangebote: Wie verändert der Einsatz von CVS das Wertangebot? Entstehen neue Wertangebote?
7 Einführung	Abhängig vom Anwendungsfall ist ein evolutionärer oder revolutionärer Einführungsansatz zu wählen.

4.5.1 Aufgabenblock 1 – Geschäftsverständnis

Im ersten Aufgabenblock, welcher im ursprünglichen CRISP-DM die englische Bezeichnung Business Understanding trägt, liegt der Fokus auf der Analyse des Geschäftsfeldes. Neben der Analyse des Unternehmens sowie dessen Geschäftsmodells, gilt es potenzielle Anwendungsfälle für CVS zu identifizieren, um gegebenen Falls Synergieeffekte zwischen den Anwendungen sowie bestehende IT-Infrastruktur nutzen zu können. Darauf aufbauend sind diese Anwendungsfälle spezifischer zu analysieren sowie die potenziellen Ziele der CVS Einführung zu identifizieren und zu definieren. Dies ermöglicht es, den Wert zu analysieren, welcher durch die Zielerreichung möglich wird.

a) *Organisationsanalyse*

Um ein CVS nutzenstiftend in einer Organisation einzuführen und dadurch einen positiven Einfluss auf den Wertbeitrag zu gestalten, ist es zunächst notwendig das Geschäftsmodell zu analysieren. Dabei gilt es zu analysieren, welche Werte und Wertbeiträge für welche Kundensegmente geschaffen werden. CVS bringen das Potenzial mit sich, den Wertbeitrag von Produkten oder Services zu erhöhen und dadurch positiv zu beeinflussen. Zudem besteht jedoch die Möglichkeit durch CVS, zusätzliche oder komplett neue Wertversprechen zu entwickeln. Dies sollte zu Beginn der CVS Einführung explizit betrachtet und analysiert werden, denn Änderungen an den Wertangeboten können potenziell Einfluss auf das Geschäftsmodell haben. Um diesen Einfluss aktiv gestalten zu können, ist es notwendig die potenziellen Änderungen des Wertversprechens im Vorfeld zu analysieren. Hierbei konnten im Rahmen der durchgeführten Forschung zudem die Branche sowie die Unternehmensgröße als potenzielle Einflussfaktoren identifiziert werden, welche bei der späteren Zielanalyse zu berücksichtigen sind.

b) *Anwendungsfallanalyse*

Ausgehend von der Analyse der Organisation folgt die Identifikation potenziell relevanter Anwendungsfälle. Dabei muss der Frage nachgegangen werden, welche Anwendungsfälle im Unternehmen sich durch CVS nutzenstiftend unterstützen lassen. Als Hilfestellung bei der Identifikation potenzieller Anwendungsfälle können die in Tabelle 4.10 gelisteten Beispiele genutzt werden. Diese wurden im Rahmen der qualitativen Analyse identifiziert.

Die gelisteten Anwendungsfälle stellen jedoch nur Beispiele dar. CVS haben das Potenzial, nahezu alle Anwendungsfälle zu unterstützen, bei denen das menschliche Sehen Einsatz findet. Je nach Anwendungsfall ist für ein ausgereiftes CVS eine umfangreiche IT-Infrastruktur notwendig. Ist diese jedoch einmal aufgebaut, lassen sich multiple Anwendungsfälle bedienen und Synergieeffekte können genutzt werden. Daher ist es in diesem Schritt sinnvoll nicht nur einen, sondern alle möglichen Anwendungsfälle zu identifizieren. Tabelle 4.11 zeigt die Verteilung der Anwendungsfälle, welche durch die quantitative Umfrage erhoben wurden.

Sind die potenziell relevanten Anwendungsfälle innerhalb der Organisation identifiziert, gilt es, die Ziele dieser zu definieren.

Tabelle 4.10 Identifizierte Anwendungsfälle und deren Ziele im Rahmen der Qualitativen Analyse

Anwendungsfall	Ziel des CVS Einsatzes
Qualitätssicherung/Defekterkennung/ Prozessüberwachung	• Erreichung der Qualitätsstandards zu reduzierten Kosten • Mitarbeiterunterstützung/ Arbeitserleichterung • Effizienzsteigerung (Qualitätsverbesserung, Kostenreduzierung)
Verbauteilkontrolle	• Vermeidung/Reduktion von Folgekosten
Driverless Transport Systems/ Autonomous logistics	• Erhöhung des Automatisierungslevels • Effizienzsteigerung
Verkehrszeichen erkennung	• Proof of Concepts (verschiedene Länder) • Automationserhöhung
Verifizeriungsprozesse	• IT Security
Screenshotanalyse	• Mitarbeiterunterstützung • Prozessbeschleunigung • Kundenzufriedenheit
Gepäckkontrolle	• Wissensgewinn im Marketingbereich
Baggage control	• Kostenvermeidung • Erhöhung Kundenzufriedenheit
Human Positioning/ Laufanalyse	• Wissensgewinn Produktpräsentation
Smart Fridges	• Produktentwicklung; Proof of Concepts

Tabelle 4.11 Verteilung der Anwendungsfälle in der durchgeführten quantitativen Umfrage

Anwendungsfall	Antworten	Anwendungsfall	Antworten
Qualitätssicherung	40	Gepäckkontrolle	6
Defekterkennung	34	Diagnostik	7
IT Sicherheit	5	Social Media	25
Autonomes Fahren und Robotik	21	Bildung	6
Logistik	34	Navigation	10
Landwirtschaft	16	Produktion	30
Verkehrskontrolle und Management	3	Wartung und Instandhaltung	8

c) *Zielanalyse*

Im Anschluss an die Identifikation der potenziellen Anwendungsfälle, gilt es das Ziel zu identifizieren und zu definieren, welches durch den Einsatz von CVS erreicht werden soll. In diesem Zusammenhang ist zunächst innerhalb der Organisation zu klären, welche potenziell durch CVS erreichbaren Ziele verfolgt und adressiert werden sollen. Tabelle 4.12 listet und beschriebt die verbreitetsten Ziele, welche im Rahmen dieses Dissertationsprojektes identifiziert werden konnten. Um die Organisationen bei der eigenen Zieldefinition zu unterstützen, wurde die Zusammenhänge zwischen den Zielen und den untersuchten Unternehmen aufgearbeitet und tabellarisch dargestellt.

Die Tabelle 4.13 zeigen den Zusammenhang zwischen der Branche, in welcher das CVS eingesetzt wird und dem Wertversprechen. Die Daten wurden innerhalb der quantitativen Datenanalyse mittels einer Online-Umfrage erhoben. Zur Erhebung wurde eine 5-Punkte Likert Skala verwendet. Den Teilnehmern wurde folgende Frage bezüglich des Einflusses auf den Wertbeitrag gestellt: *„Inwieweit führt oder führte der Einsatz von Computer Vision Systemen zu Veränderungen des Wertbeitrages des Unternehmens?“* In diesem Zusammenhang wurden zudem folgende Ausprägungen der Skala gegeben: 1 – gar nicht; 2 – schwach; 3 mittel; 4 stark und 5 sehrt stark. Zusätzlich wurde den Teilnehmern der Umfrage folgende Definition des Wertbeitrags nach Teece (2010) als Hilfestellung angezeigt. Tabelle 4.14 zeigt die Zusammenhänge zwischen Unternehmensgröße und dem Einfluss auf das Weitersprechen. Die Gegebenheiten sind hierbei analog zur Branche.

Die erhobenen Daten zeigen, dass die befragten Experten insgesamt einen hohen Einfluss des CVS Einsatzes auf das Wertversprechen sehen. Experten einiger Branchen, wie der Nahrungsmittelindustrie sowie der Metall- und Stahlindustrie, sehen jedoch sogar einen sehr hohen Einfluss von CVS auf das Wertversprechen. Auch wird der Einfluss bei kleineren Unternehmen größer eingeschätzt als bei großen Unternehmen. Diese Ergebnisse können als Orientierungshilfe im Rahmen der Einführung genutzt werden. Eine umfangreiche Übersicht der erzielten Ergebnisse durch die qualitativen und quantitativ erhobenen Daten sind im Anhang in den Abschnitten C und D im elektronischen Zusatzmaterial einzusehen. Diese können die Unternehmen als Hilfestellung für die Definition der eigenen Ziele nutzen. Im Anschluss an den ersten Aufgabenblock, in welchem die Organisation und die relevante Anwendungsfälle analysiert sowie Ziele identifiziert und definiert werden, gilt es, die notwendigen Bilddaten sowie deren Quellen festzuhalten und zu beurteilen.

Tabelle 4.12 Ziele des Einsatzes von Computer Vision System

Ziel	Beschreibung
Kosten reduzieren	Als Hauptziel des Einsatzes eines CVS in ihrem Unternehmen nannten die befragten Experten mehrheitlich die Reduktion der Kosten (PM3, PM2). Diese lässt sich beispielsweise durch eine höhere Effizienz, geringere Latenzzeiten oder ein verbessertes Wertversprechen erreichen.
Qualität erhöhen	Qualität beschreibt die realisierte Beschaffenheit, welche sich aus der Gesamtheit der Merkmale und Merkmalsausprägungen zusammensetzt. Diese zielen auf die Einhaltung der Qualitätsforderungen ab, welche wiederum die Anforderungen an die Beschaffenheit einer Einheit definiert (Schmitt und Pfeifer 2015, 18). Der innovative Einsatz von CVS bringt das Potenzial mit sich – abhängig vom Szenario – Aufgaben der Qualitätssicherung mit einer höheren Genauigkeit oder Präzision durchzuführen als ein Mensch. Daher lässt sich die Qualität eines Produktes oder einer Dienstleistung durch den Einsatz von CVS potenziell erhöhen.
Latenzzeit reduzieren	Der Einsatz von CVS hat das Potenzial, Prozesse zur Erstellung von Produkten oder Dienstleistungen zu verkürzen. Durch die Erreichung eines höheren Automatisierungsgrades kann die Latenzzeit eines Prozesses reduziert werden.
Effizienz erhöhen	Der Einsatz von CVS kann die Effizienz auf zwei Wegen erhöhen. Zum einen besteht die Möglichkeit Prozesskosten zu reduzieren. Dies kann beispielsweise durch die Minderung von Prozesszeiten oder Personalkosten geschehen. Es kann jedoch auch die Quantität von Produkten oder Dienstleistungen durch CVS erhöht werden.
Wertversprechen erhöhen	Das Wertversprechen beschreibt den Nutzen, den ein Kunden durch ein Produkt oder eine Dienstleistung erfährt. Dieser kann durch CVS erweitert, erhöht oder gänzlich erneuert werden. Da das Wertversprechen eine zentrale Komponente des Geschäftsmodells ist, wird daher auch Einfluss auf das Geschäftsmodell genommen.

Tabelle 4.13 Einfluss der Branche auf das Wertversprechen

Branche	Durchschnittlicher Einfluss auf das Wertversprechen	Anteil der Antworten (%)
Automotive	3,8	15.38 %
IT-Branche	3,7	44.87 %
Nahrungsmittel	4,5	5.13 %
Forschung und Entwicklung; Wissenschaft	4,2	19.23 %
Metall und Stahl	4,6	10.26 %
Durchschnitt	4,1	

Tabelle 4.14 Einfluss der Unternehmensgröße auf das Wertversprechen

Anzahl Mitarbeiter	Durchschnittlicher Einfluss auf das Wertversprechen	Anteil der Antworten (%)
mehr als 250	3,8	19.64 %
zwischen 50 und 250	3,8	28.57 %
zwischen 10 und 49	4,2	16.07 %
weniger als 10	4,3	3.57 %
keine Antwort	4,0	32.15 %

4.5.2 Aufgabenblock 2 – Bilddatenverständnis

Der zweite Aufgabenblock zielt auf die Daten ab, welche verarbeitet werden sollen. Im Falle eines CVS liegt der Schwerpunkt daher auf den Bilddaten und wie diese aufgenommen, verarbeitet, analysiert und transferiert werden können. Im Rahmen der Bilddatenanalyse gilt es, zu analysieren, welche Bilddaten benötigt werden. Es stellt sich die Frage, ob für den zuvor definierten Anwendungsfall zweidimensionale Bilder ausreichend oder dreidimensionale Bilder notwendig sind. Auch können Röntgen- oder Ultraschallbilder Einsatz finden. Einsatzgebiete finden sich hierfür im medizinischen Bereich (MacDougall, Scherrer und Don 2018), aber auch um das Innere von Produkten oder Gepäckstücken zu analysieren (Mery, Saavedra und Prasad, X-ray baggage inspection with computer vision: A survey 2020). Es gilt an dieser Stelle die Anforderungen an den bildgebenden Sensor zu identifizieren. Ausgangspunkt dafür stellen die im ersten Aufgabenblock identifizierten Anwendungsfälle und die damit verbundenen

Ziele dar. Neben der bereits genannten Art der Bilddaten ist die Bildauflösung entscheidend. Dabei ist abzuwägen zwischen Genauigkeit und Performance. Je genauer die Ergebnisse sein müssen, umso mehr wirkt sich dies negativ auf die Performance des CVS aus. Ein größeres Datenvolumen kann zudem zu einer höheren Latenz der Verarbeitung führen. Dem wiederum kann bis zu einem gewissen Grad mit performanterer und damit teurerer Hardware sowie Netzwerkarchitekturen entgegengesteuert werden. Zudem sind die notwendige Aufnahmegeschwindigkeit (Bilder pro Minute), die Ausleuchtung (Ausgleichen von Tag-Nacht unterschieden) sowie der Abstand zwischen Sensor und Objekt zu konzipieren. Tabelle 4.15 enthält eine Übersicht der potenziellen Anforderungen an den bildgebenden Sensor sowie dessen Installation.

Tabelle 4.15 Potenzielle Anforderungen an den Bildgebenden Sensor und dessen Installation

Anforderungen	Beschreibung
Bilddimensionen	zwei- oder dreidimensional
Auflösung	bis 10k möglich
Aufnahmegeschwindigkeit	Anzahl der Bilder pro Sekunde
Ausleuchtung	Wie kann der Betrachtungsbereich konstant ausreichend ausgeleuchtet werden.
Entstörung	Ist eine Entstörung notwendig (beispielsweise durch Verschmutzung oder Bewegung)?
Durchleuchtung	Ultraschall-, Röntgenbilder

Sind die Bilddaten mit dem Sensor aufgenommen, stellt sich die Frage, wo diese Verarbeitet werden sollen. Dafür sind eine geeignete IT-Infrastruktur und Architektur notwendig, welche im nächsten Schritt analysiert werden.

4.5.3 Aufgabenblock 3 – IST-Analyse

Ein lauffähiges CVS, welches der Situation bedingt eine adäquate Reaktion auslösen kann, bedarf einer geeigneten IT-Architektur. Die Bilddaten müssen vom Sensor zur verarbeitenden Einheit und anschließend zum reaktionsauslösenden Sensor transferiert werden. Soll die Anwendung mit einer möglichst geringen

Latenz ausgeführt werden, steigen die Anforderungen an die IT-Architektur. Um die eigene bestehende IT-Infrastruktur möglichst übersichtlich und einheitlich zu belassen und zudem unnötige Kosten zu vermeiden, sollte daher eine IST-Analyse durchgeführt werden. Es gilt dabei zu analysieren, welche Bereiche für das CVS nutzbar sind und welche ergänzt werden müssen. Es muss zudem überprüft werden, welche Voraussetzungen für die Einführung von CVS im Unternehmen zu schaffen sind und welche potenziellen Barrieren überwunden werden müssen. Zunächst ist daher anhand des Computer Vision Prozesses (siehe Abbildung 4.16) zu überprüfen, welche notwendigen Bestandteile bereits im Unternehmen vorhanden sind. Die in Tabelle 4.16 gelisteten Schritte und sind daher im Rahmen der IST-Analyse durchzuführen.

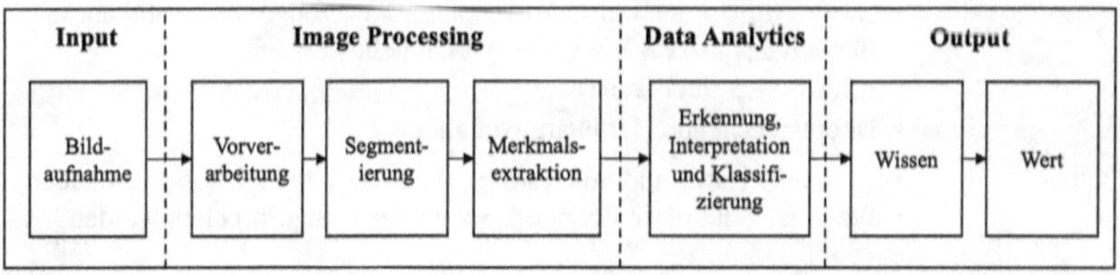

Abbildung 4.16 Computer Vision Prozess (Shukla und Vala 2016, Ennouni, et al. 2017)

Neben der Analyse der Voraussetzungen und Bestandteilen müssen ebenso mögliche Barrieren identifiziert werden. Die Durchführung und Auswertung der Experteninterviews führten zu der Erkenntnis, dass die Datenschutzbestimmungen einen Einfluss auf CVS nehmen. Dabei stellt der Datenschutz eine Barriere für die Einführung dar. Die Experten sagten aus, dass die Datenschutzbestimmungen unter Anderem zusätzliche Verarbeitungsschritte notwendig machen. So müssen beispielsweise Personen auf Bildern anonymisiert werden, bevor diese analytisch verarbeitet werden können (PM2). Aber auch bei der Speicherung von Bildern in der Cloud (PM3) oder bei der vollständigen lokalen Speicherung von Bildern (PM2) müssen zusätzliche Sicherheitsschritte eingebaut werden.

Tabelle 4.16 Schritte und Aufgaben der IST-Analyse

Schritt	Aufgaben
Input	• Existieren bereits bildgebende Sensoren im Unternehmen?
Transfer	• Ist eine geeignete Netzwerkarchitektur im Unternehmen vorhanden, welche die Bilddaten vom Sensor zur verarbeitenden- und zur reaktionsauslösenden Einheit transferieren kann?
Vorverarbeitung	• Gibt es Anwendungen und Systeme, im Rahmen derer bereits Bilddaten vorverarbeitet werden? • Gibt es Werkzeuge oder Software, die aktuell für diesen Zweck im Einsatz sind? • Ist entsprechende Hardware vorhanden?
Analytische Verarbeitung	• Werden im Unternehmen bereits Daten mittels analytischer Methoden verarbeitet? • Gibt es im Unternehmen Anwendung, Werkzeuge oder Software im Bereich des Data Mining, des Maschinelles Lernens oder der Künstlichen Intelligenz? • Ist entsprechende Hardware vorhanden?
Output	• Ist bereits Hard- und Software für die Reaktionsauslösung vorhanden? • Wenn ja, kann diese über eine Schnittstelle angesprochen werden?

Im Rahmen der Quantifizierung dieser Erkenntnisse entfielen 42,31 % der gegebenen Antworten auf die Frage *„Inwieweit wird der Anwendungsfall und die Verarbeitung durch Computer Vision durch Datenschutzrichtlinien beeinträchtigt?“* auf die Auswahlmöglichkeit hoch. Zudem entfielen weitere 11,54 % der Antworten auf einen sehr hohen Einfluss durch die Datenschutzrichtlinien. Die Abbildung 4.17 zeigt die gesamte prozentuale Verteilung der gegebenen Antworten auf die gestellte Frage. Im Rahmen der quantitativen Datenerhebung wurde hierfür eine 5-Punkte Likert Skala verwendet. Dadurch, dass über 50 % die gegebenen Antworten auf den oberen Bereich der Skala entfallen, konnten die Datenschutzrichtlinien als Barrieren quantifiziert und somit bestätigt werden.

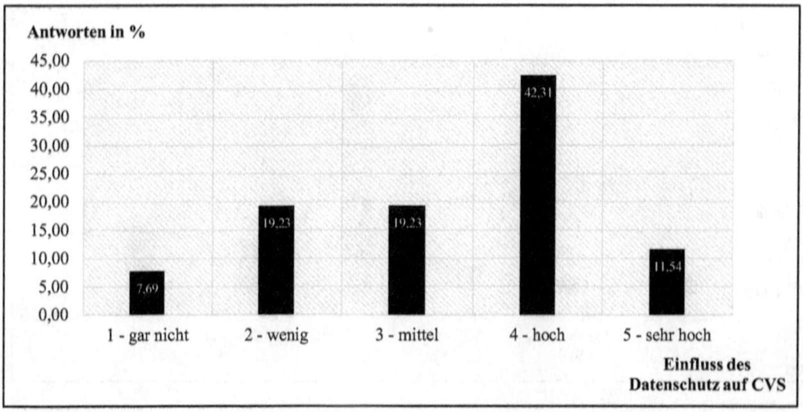

Abbildung 4.17 Einfluss der Datenschutzrichtlinien auf Computer Vision Systeme

Neben dem Datenschutz als potenzielle Barriere für die Einführung eines CVS im Unternehmen, konnten die notwendigen Investitionen als Hindernis identifiziert werden. Die Abbildung 4.18 zeigt die prozentuale Verteilung der Antworten auf die Frage: „*Wie hoch schätzen Sie die erforderlichen Investitionen für die genannten Technologien ein?*

Die Erhebung der zugehörigen Daten fand quantitativ mittels einer Online-Umfrage statt. Interessant ist hierbei, dass mehr als 55 % der befragten Experten die notwendigen getätigten Investitionen in ihrem Unternehmen höher als 15.000, aber geringer als 50.000 Euro einschätzen. Nur 13,8 % der Experten schätzen die getätigten Investitionen als geringer ein. Im Kontrast schätzen die notwendigen Investitionen mehr als 31 % der Antwortgeber höher als 50 Tausend Euro ein.

Als Ergebnis konnte zunächst der Rahmen der notwendigen Investitionen identifiziert werden. Die Höhe dieser Investitionen lässt diese zugleich als Barrieren vermuten. Um dies zu prüfen, wurden die Experten gefragt, ob diese Investitionen eine Barriere für die Einführung von CVS darstellten. Wie der Abbildung 4.19 zu entnehmen ist, gaben 32,26 % der Antwortgeber die notwendigen Investitionen als ein hohe und nochmal 16,13 % als eine sehr hohe Barriere an. Zusammenfassend konnten im Rahmen dieser Dissertation zum einen die Datenschutzrichtlinien und zum anderen die notwenigen Investitionen als Barrieren für die Einführung von CVS identifizieren. Mit diesen Barrieren müssen sich Unternehmen daher im Rahmen des Einführungsprozesses auseinandersetzen. Abhängig von den notwendigen Technologien und den Berührungspunkten zum Datenschutz muss daher die Konzeption vorgenommen werden.

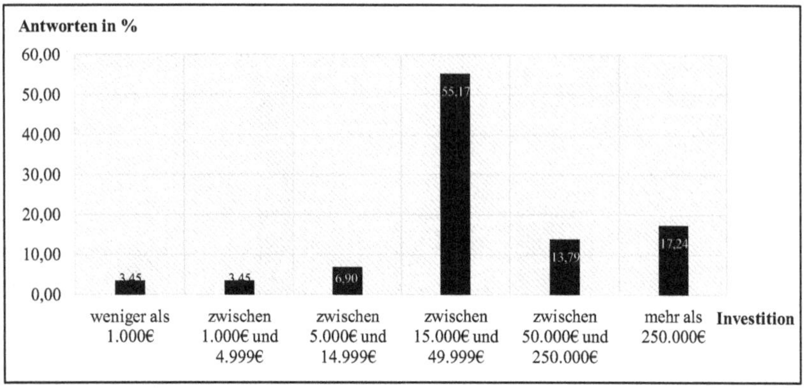

Abbildung 4.18 Geschätzte Höhe der notwendigen Investitionen einer CVS-Einführung durch die befragten Experten

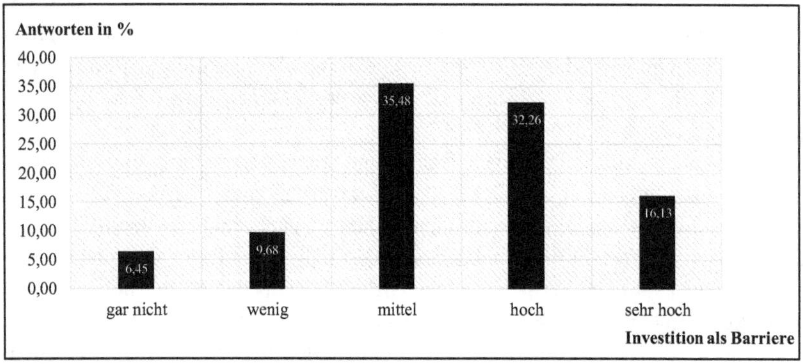

Abbildung 4.19 Notwendige Investition als Barriere für die Einführung von Computer Vision Systemen

Aufbauend auf der durchgeführten Ist-Analyse gilt es im folgenden Schritt den Sollzustand zu definieren, um festzuhalten an welchen Stellen die bestehende IT-Infrastruktur erweitert für die CVS Einführung werden muss.

4.5.4 Aufgabenblock 4 – Soll-Konzept

Aufbauend auf den vorangegangenen Aufgabenblöcken ist es notwendig, das CVS vollumfänglich zu entwerfen. Nach der Analyse des Ist-Standes gilt es zunächst, das CVS im Rahmen eines Soll Konzeptes zu konzipieren. Nach der Analyse des Ist-Standes muss der Frage nachgegangen werden, welche Komponenten und Bestandteile der aktuelle IT-Infrastruktur zu ergänzen sind. Zudem ist der Computer Vision Prozess zu konzipieren. Die Aufgaben und Schritte, welche im Rahmen einer CVS-Einführung durchzuführen sind, sind in Tabelle 4.17 dargestellt.

Tabelle 4.17 Schritte und Aufgaben innerhalb des SOLL-Konzeptes

Schritt	Aufgaben
Input	• Anforderungen an den bildgebenden Sensor definieren (Bildauflösung, Bildgröße, Aufnahmegeschwindigkeit, Ausleuchtung, zwei- oder dreidimensionale Bilder, Röntgen- oder Ultraschallbilder, etc.) • bildgebenden Sensor und zugehöriges Interface auswählen
Transfer	• Anforderungen an die Netzwerkarchitektur aufnehmen • Netzwerkarchitektur für den konzipieren
Vorverarbeitung	• Anforderungen an Hardware und Werkzeug aufnehmen • Hardware und Software auswählen • Vorverarbeitungsschritte konzipieren (Segmentierung, Graustufen, etc.)
Analytische Verarbeitung	• Anforderungen an Hardware und Werkzeug aufnehmen • Hardware und Software auswählen (Passt diese mit der aus der Vorverarbeitung überein?) • analytische Methode konzipieren, testen und auswählen
Output	• gewünschte Reaktion planen und konzipieren. • Hard- und Software auswählen und konzipieren. • Schnittstelle zu den Ergebnissen der analytischen Verarbeitung implementieren.

Die Konzeption beginnt mit der Auswahl der Inputquelle, also des bildgebenden Sensors. Hier sind abhängig vom Anwendungsfall, die Aufnahmegeschwindigkeit, die Bildauflösung sowie die Ausleuchtung relevant. Aber auch eine Erweiterung des Inputs durch dreidimensionale-, Röntgen- oder Ultraschallbilder sind denkbar, wenn es der Anwendungsfall verlangt. Auch sind die Aufnahme und Integration weiterer Sensordaten, wie beispielsweise der Temperatur, möglich.

Im zweiten Schritt, dem Transfer der Daten, geht es darum die notwendige Netzwerkarchitektur für das CVS zu konzipiere. Hierbei ist es möglichweise sinnvoll, Bestandteile der bestehenden IT-Infrastruktur zu nutzen. Dies kann zum einen kostengünstiger, zum anderen schneller umsetzbar sein. Alternativ ist es jedoch auch möglich, für das CVS eine komplett unabhängige neue Architektur aufzubauen. Für das Kosten-Nutzen Verhältnis ist dies jedoch zumeist die teurere Lösung. Hierbei ist ebenfalls die Anzahl an Anwendungsfällen, die durch CVS unterstützt werden sollen, entscheidend. Für einen einzelnen Anwendungsfall kann es lohnender sein, auf eine bestehende Struktur und Architektur zurückzugreifen. Sollen eine Vielzahl an Anwendungsfällen durch CVS realisiert werden, kann eine eigenständige Architektur nicht nur fachlich geeigneter sein, sondern auch wirtschaftlich passender sein. In diesem Schritt gilt es zudem, die notwendigen Recheneinheit zu planen. Es geht darum, den physischen Ort zu bestimmen, an dem die Vorverarbeitung sowie die analytische Verarbeitung stattfinden kann. Es ist zudem die Frage zu klären, wie der Input zur Recheneinheit gelangt und von dort weiter transferiert werden kann. Anschließend ist der Ort zu adressieren und das Ergebnis weiterzuleiten, an dem eine Reaktion ausgeführt werden soll. Die Abbildung 4.20 zeigt eine Edge Computing Netzwerk Architektur, die für den im Rahmen der Dissertation entwickelten Prototyp verwendet wurde.

Die Edge Computing Architektur ermöglicht es, Anwendungen mit geringen Latenz- und Reaktionszeiten zu erstellen. Spielt die Latenz eine untergeordnete Rolle ist auch eine Cloud Lösung denkbar. Anschließend sind die Vorverarbeitungsschritte und das eigentliche analytische Modell zu konzipieren. Zudem ist es notwendig, den Umgang mit dem Ergebnis zu planen. Wie soll das Ergebnis weiterverarbeitet werden und welche Reaktion soll dadurch ausgelöst werden? Soll eine automatisierte Reaktion ausgelöst werden, bedarf dies einer intensiven Planung und Konzeption der Reaktion. Die Ergebnisse müssen mittels der konzipierten Netzwerkarchitektur an den Ort der Reaktion transferiert werden. Bei automatisierten Reaktionen sind auch Schnittstellen und deren Datenübermittlung zu planen. Im Rahmen der gesamten CVS Einführung sollte von Beginn an der Einfluss auf den Wertbeitrag analysiert und aktiv beeinflusst werden. Dadurch können Einflüsse auf das Geschäftsmodell der Organisation erkannt und gestaltet werden. Dabei spielen eine Reihe an Einflussfaktoren, welche im Rahmen dieser Forschung identifiziert werden konnten, eine wichtige Rolle.

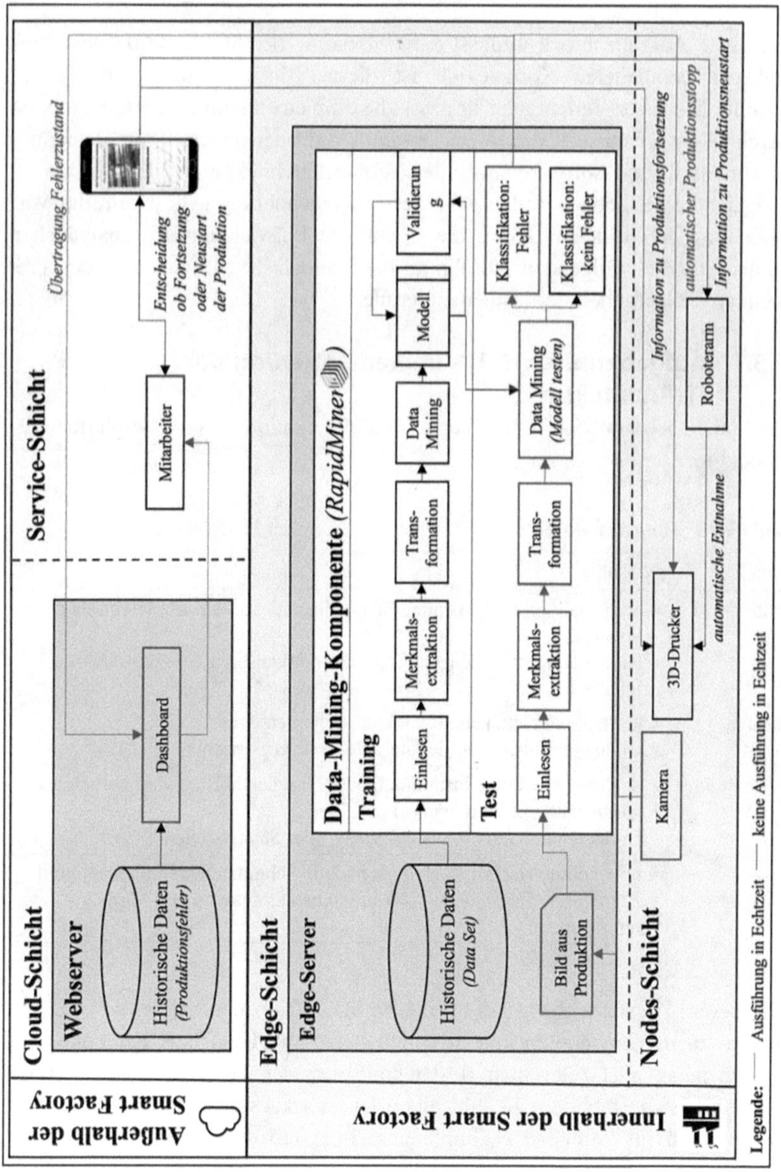

Abbildung 4.20 Beispielhafte Edge Computing Architektur

4.5.5 Aufgabenblock 5 – Implementierung

Der sechste Aufgabenblock umfasst die Umsetzung des SOLL-Konzeptes. Aufgrund der beinhalteten Komplexität ist dieser Block in drei Teilaufgaben unterteilt. Die erste Teilaufgabe umfasst die Implementierung der konzipierten IT-Architektur für das CVS in seiner Gesamtheit. Dabei stehen die Implementierung von Hard- und Software sowie der Netzwerkarchitektur auf der Agenda. In den beiden verbleibenden Teilaufgabe der Implementierung geht es um die Vorverarbeitung der Bilddaten sowie die eigentliche Entwicklung des analytischen Modells. Die Nachfolgenden Abschnitte beschreiben die Aufgaben in den drei genannten Teilaufgaben der Implementierung.

4.5.5.1 Aufgabenblock 5.1 – Implementierung der IT-Architektur

Teilaufgabe 5.1 umfasst Umsetzung und Integration der konzipierten IT-Architektur.

Tabelle 4.18 Aufgaben im Bereich der Implementierung der IT-Archetektur

Bereich	Aufgaben
Input	• ausgewählten bildgebenden Sensor installieren (sowohl Hard- als auch Software) • Bilddatentransfer sicherstellen (beispielsweise via Schnittstelle oder Interface)
Transfer	• konzipierte Netzwerkarchitektur implementieren • Bilddatentransfer mit definierter Latenz ermöglichen
IT-Architektur	• geplante Hardware installieren oder bestehende Hardware vorbereiten • ausgewählte(s) Werkzeug(e) installieren • Bilddaten anbinden (beispielsweise über Schnittstellen)
Output	• notwendige Hard- und Software sowie Schnittstellen implementieren • Konzipierte Reaktion auf das Ergebnis des analytischen Models umsetzen.

In diesem Zusammenhang gilt es, die im SOLL-Konzept definierte Hard- und Software zu implementieren und installieren. Anschließend liegt der Fokus auf der Vernetzung aller relevanten Bestandteile, um den Datenfluss für die CVS zu gewährleisten. Tabelle 4.18 gibt einen Überblick, welche Aufgaben in welchem Bereich im Rahmend er Implementierung umzusetzen sind. Sobald die grundsätzliche IT-Architektur konzipiert und umgesetzt ist, gilt es das analytische Modell zu implementieren. Um dies durchführen zu können, muss zunächst die Vorverarbeitung der Bilddaten realisiert werden.

4.5.5.2 Aufgabenblock 5.2 – Datenvorbereitung

Die Datenvorverarbeitung folgt dem Ziel, die Inputdaten in eine Form zu transformieren, welche eine algorithmische Verarbeitung ermöglicht. Innerhalb des Computer Vision Prozesses unterteilt sich die Vorverarbeitung in die Bereiche der Transformations-, Segmentierungs- und Merkmalsextraktionsverfahren. Abhängig von Zielstellung und Anwendungsfall, welche bereits im ersten Aufgabenblock identifiziert und analysiert werden, müssen die Vorverarbeitungsverfahren ausgewählt und angewandt werden. Auch die Wahl des Werkzeuges und deren Angebot an Verfahren und Methoden ist hierbei entscheidend. Im Anhang A.3.1 im elektronischen Zusatzmaterial der Arbeit sind verbreitetste Verfahren aus den Bereichen Transformation, Segmentierung und Merkmalsextraktion, welche mittels einer Literaturanalyse erhoben wurden, gelistet. Die Übersicht über die potenziell einsetzbaren Verfahren und Methoden dient den Unternehmen, die für Ihre CVS relevanten zu identifizieren. Einige Vorverarbeitungsverfahren nutzen bereits selbst Algorithmen, so dass der Übergang zwischen Vorverarbeitung und der analytischen Verarbeitung teilweise fließend verläuft. Die Aufgabenblöcke 5 und 6 sind daher nicht trennscharf abzugrenzen. Bestimmte Algorithmen, welche in Aufgabenblock 6 ausgewählt und definiert werden, verlangen spezifische Vorverarbeitungsschritte. Daher ist ein Rücksprung zwischen Aufgabenblöcken 5 und 6 festgehalten teilweise notwendig.

4.5.5.3 Aufgabenblock 5.3 – Modellierung

Die Modellierung umfasst die Auswahl, Ausgestaltung und Anwendung der analytischen Methode. Durch eine algorithmische Verarbeitung wird ein Modell entwickelt, welches einen Lösungsbeitrag zur gestellten Aufgabe beiträgt. Für eine Vielzahl an Anwendungsfällen eignen sich Algorithmen aus dem Bereich der Klassifikation für Computer Vision Anwendungen. Speziell die CNN aus dem Bereich des Deep Learnings sind hierbei weit verbreitet. Tabelle 4.19 zeigt eine Übersicht relevanter Klassifikationsalgorithmen, welche für die Unternehmen bei der Auswahl des passenden Algorithmus als Hilfestellung dienen kann.

Tabelle 4.19 Klassifikationsalgorithmen im Bereich des Image Mining und der Computer Vision

Algorithmus	Beschreibung
Support Vector Machine (SVM)	Die SVM ist ein Klassifikationsverfahren, das Hyperebenen als Klassengrenzen verwendet. An dem Punkt, an dem der größte Abstand zwischen den einzelnen Datensätzen gemessen wird, werden diese in die Datensammlung eingefügt (Felden 2016).
Convolutional Neural Networks (CNN)	Die CNN gehört zu den biologisch inspirierten Verfahren und ordnet sich in den Bereich des Deep Learning ein. Bei diesem Verfahren werden die zu untersuchenden Datensätze durch mehrere Schichten geleitet und mit Hilfe von Filtern gefaltet (Krizhevskky, Sutskever und Hinton 2012).
K-Nearest Neighbour (K-NN)	K-NN ist eine Klassifizierungsmethode, die ein Objekt mit einem bestimmten Merkmalsvektor der Klasse eines Trainingsobjekts mit ähnlichem Merkmalsvektor zuordnet (Runkler 2013).
Entscheidungsbaum (Decision Tree, DT)	Der Entscheidungsbaum verwendet eine baumartige Struktur zur Klassifizierung. Die Blätter stellen die Klassen dar, in die die Daten klassifiziert werden. Die Struktur des Baums ergibt sich aus Testverfahren, die die Gewichte für die Datensätze bestimmen (Felden 2016).
Künstliche Neuronale Netze (Artificial Neural Networks, NN)	Künstliche Neuronale Netze können in unüberwachte und überwachte Netze unterteilt werden. Im Gegensatz zu unüberwachten NNs lernen überwachte NNs über bestimmte Sachverhalte, indem sie über ihre Fehlklassifizierung informiert werden und beim nächsten Durchlauf die Parameter ändern. Auf diese Weise kann die Fehlklassifizierung minimiert werden (Felden 2016).

(Fortsetzung)

Tabelle 4.19 (Fortsetzung)

Algorithmus	Beschreibung
Random Forest (RF)	Der RF stellt ein Klassifizierungsverfahren dar, das aus einer Reihe von Entscheidungsbäumen besteht. Für die Klassifizierung wird in jedem dieser Bäume eine Entscheidung über die Partitionierung getroffen. Die höchste Gesamtzahl entscheidet über die endgültige Klassifizierung (Liaw A 2002).
Naïve Bayes (NB)	NB-Methoden gehen davon aus, dass ein Datensatz durch einen bestimmten Vektor mit einer bestimmten Wahrscheinlichkeit repräsentiert wird und dass dieser Vektor mit einer bestimmten Wahrscheinlichkeit einer entsprechenden Klasse zugeordnet werden kann (Felden 2016).

Doch nicht nur Klassifizierungsalgorithmen finden im Bereich von CVS Einsatz. Auch Clustering Algorithmen werden in dem betrachteten Bereich eingesetzt. Im Gegensatz zur Klassifizierung sind beim Clustering keine Fehler- oder Qualitätsklassen bekannt, denen ein aufgenommenes Bild aus der Produktion automatisch zugeordnet werden kann. Aus diesem Grund werden Clustering-Algorithmen auch der Gruppe der unüberwachten Lernverfahren zugeordnet (Trinks und Felden 2019). Dennoch, oder gerade deshalb, bilden Clustering-Algorithmen die Möglichkeit, unbekannte Fehlerquellen aufzuspüren und zu erkennen. Clustering-Methoden werden z. B. bei der Inspektion von Flaschenverschlüssen in der Getränkeproduktion eingesetzt. Defekte wie lose Verschlüsse, Kratzer oder gebrochene Verschlüsse können auf diese Weise identifiziert werden ist (Kulkarni, et al. 2019). Als Beispiele kann hierfür der K-Means-Algorithmus (Kulkarni, et al. 2019) genannt werden. Insgesamt werden jedoch sowohl abstandsbasierte als auch hierarchisch-agglomerative Clustering-Methoden wissenschaftlich diskutiert. Auch die Single-, Average-, oder Complete Linkageverfahren sind an dieser Stelle zu nennen. Für die Anwendung der Algorithmen und somit der Modellentwicklung werden Werkzeuge und Frameworks verwendet. Einige dieser Frameworks werden als Bibliothek für bestehende Programmiersprachen wie Python oder Java zur Verfügung gestellt. Die Unternehmen sollten daher nicht nur prüfen, welcher Algorithmus zur Aufgabenstellung passt, sondern auch, welches Tool sich in die bestehende IT-Infrastruktur einpassen lässt. Prominente Beispiele für Computer Vision Tools und Frameworks sind OpenCV

(OpenCV Team 2023), TensorFlow (TensorFlow Developers 2023), YOLO (You Only Look Once) (Redmon und Farhadi 2017), Amazon Recognition (Amazon Web Services Inc. 2023) oder die Google Cloud Vision API (Google Ireland Limited 2023). Eine umfangreiche Liste am Markt vorhandener Image Mining und Computer Vision Tools und Frameworks sind im Anhang A.3.2 im elektronischen Zusatzmaterial aufgelistet und beschreiben. Diese Auflistung kann als Entscheidungshilfe für die Auswahl eines relevanten Tools für die Unternehmen dienen. Als zusätzliche Entscheidungshilfe für die Auswahl von Algorithmus und Werkzeug dienen die Ergebnisse der durchgeführten quantitativen Studie. Tabelle 4.20 zeigt den Zusammenhang zwischen den potenziellen Zielen und den eigensetzten Algorithmen auf. Dabei wird der statistisch durchschnittliche Einfluss der genutzten Algorithmen auf die vier potenziellen Ziele dargestellt. Der Einfluss auf die Ziele hängt nicht direkt und einzigartig von der Wahl der Algorithmen ab und stelle nur einen Einflussfaktor dar. Auch unterscheiden sich Anwendungsfälle teilweise sehr grundlegen, wodurch sich auch der Einfluss des Algorithmus auf die Ziele stark unterscheidet.

Tabelle 4.20 Zusammenhang der eingesetzten Algorithmen und dem Wertversprechen

Algorithmus	Durchschnittlicher Einfluss auf das Wertversprechen	Anteil Antworten (%)
CNN	4,0	34,6
NN	3,8	19,43
DT	4,1	7,11
RF	4,0	6,64
NB	3,7	6,16
KNN	3,8	5,69
SVM	3,9	6,64
K-Means	3,9	4,74
Linkage	3,8	2,37

Dennoch kann die Tabelle 4.20 als Unterstützung hinzugezogen werden bei der Wahl des Algorithmus. Die Tabelle enthält die im Rahmen der quantitativen Analyse erhaltenen Antworten auf die Frage: *„Inwieweit führt oder führte der Einsatz von Computer Vision Systemen zu Veränderungen des Wertbeitrages des Unternehmens?“* (Skala: gegeben: 1 – gar nicht; 2 – schwach; 3 mittel; 4 stark und 5 sehrt stark). Zusätzlich wurde den Teilnehmern der Umfrage folgende Definition des Wertbeitrags nach Teece (2010) als Hilfestellung angezeigt.

4.5.6 Aufgabenblock 6 – Evaluation

Nach der Umsetzung und vor der Einführung des CVS ist es notwendig, das konzipierte und implementierte System zu evaluieren. Die Evaluation folgt dem Ziel, den bisherigen Projektverlauf kritisch zu bewerten. So lassen sich Schwachstellen identifizieren und mögliche Probleme im Vorfeld der Einführung erkennen (Gabriel, Gluchowski und Pastwa 2009). Basierend auf den generieten Erkenntnissen dieser Forschungsarbeit werden folgende drei Evaluationsschritte vorgeschlagen:

- Evaluation der Modellgenauigkeit,
- Evaluation der Zielerreichung sowie
- Kosten- und Investitionsevaluation

Um einen detaillierten Blick auf die drei Bereiche der Evaluation, die damit verbundenen Ziele sowie die zu bearbeitenden Aufgaben zu erhalten, werden diese nachstehend beschrieben.

4.5.6.1 Evaluation der Modellgenauigkeit

Wie hoch ist die Passgenauigkeit der gegebenen Bilddaten zu dem entwickelten analytischen Modell und den implementierten Vorverarbeitungsschritten? Dieser Frage wird in diesem Evaluationsschritt nachgegangen. In diesem Bereich gibt es verschiedene Gütekriterien zur Evaluation der Modellgenauigkeit: Als Beispiel ist an dieser Stelle das Kriterium der Genauigkeit zu nennen. Diese gibt die relative Anzahl richtig klassifizierter Tupel oder anders, den Prozentsatz der korrekten Prognosen, an (Hofmann and Klinkenberg 2014, 51). Exemplarisch zeigt die Abbildung 4.21 die Formel zur Berechnung der Genauigkeit.

$$\textit{Genauigkeit} = \frac{\textit{korrekte Vorhersagen}}{\textit{Anzahl der Beispiele}} = \frac{(\textit{korrekte Richige} + \textit{korrekte Falsche})}{(\textit{korrekte Richige} + \textit{falsche Richige} + \textit{falsche Falsche} + \textit{korrekte Falsche})}$$

Abbildung 4.21 Berechnung des Gütekriteriums der Genauigkeit

Wie hoch der Wert des jeweiligen Gütekriteriums ausfallen muss, hängt sehr stark vom Anwendungsfall ab. Soll das CVS automatisierte Prozesse unterstützen, so ist eine höhere Prognosewahrscheinlichkeit notwendig als bei reinen Unterstützungsprozessen. Experten in den Interviews nannten teilweise eine notwendige Modellgenauigkeit von 99 % und mehr, da falsch Positive Ergebnisse beispielsweise in der Qualitätskontrolle anderenfalls hohe Folgekosten nach sich ziehen kann (siehe Anhang C.2.4 im elektronischen Zusatzmaterial). Wird die gewünschte Prognosegenauigkeit mit dem entwickelten analytischen Modell nicht erreicht, so wird einen Rücksprung zur Modellentwicklung und auch zur Datenvorverarbeitung notwendig, um entsprechend notwendige Anpassungen vornehmen zu können.

4.5.6.2 Evaluation der Zielerreichung

In der Evaluierungsphase werden die Ergebnisse mit den festgelegten Unternehmenszielen verglichen. Dabei gilt es die Ergebnisse zu interpretieren und geeignete Maßnahmen zu definieren. Dabei sollte der gesamte Prozess überprüft werden (Schröer, Kruse und Gómez 2021). Potenzielle Ziele einer CVS Einführung wurden im Rahmen dieser Forschungsarbeit identifiziert und analysiert. Im Fokus steht dabei, die Qualität oder Quantität des Outputs zu erhöhen. Im besten Fall lassen sich durch CVS zeitgleich die Prozesskosten reduzieren, so dass die Effizienz der Produktion oder der Dienstleistung steigt. Ziel des CVS Einsatz ist nicht ausschließlich die Optimierung bestehender Prozesse oder Services, auch kann der Fokus auf die Entwicklung neuer Werte und Wertversprechen für die Kunden gelegt werden. Tabelle 4.21 zeigt die identifizierten potenziellen Ziele einer CVS Einführung sowie die zugehörigen Fragestellungen.

Tabelle 4.21 Evaluation der Zielerreichung

Ziel	Mögliche Fragestellung
Qualität erhöhen	Inwieweit konnte die Qualität des Prozesses, des Outputs oder des Wertversprechens durch die Einführung des CVS erhöht werden?
Quantität erhöhen	Inwieweit konnte die Quantität des Outputs durch die Einführung des CVS erhöht werden?
Latenz reduzieren	Inwieweit konnte die Latenz des Prozesses durch die Einführung des CVS reduziert werden?
Effizienz steigern	Inwieweit konnte die Effizienz durch die Einführung des CVS gesteigert werden?
Wertversprechen verbessern	Inwieweit konnte das Wertversprechen für den Kunden durch die Einführung des CVS verbessert werden?

Abhängig von der individuellen Definition der Ziele im ersten Aufgabenblock, ist das Erreichen jedes definierten Ziels zu analysieren und evaluieren. Sollten Differenzen zwischen der Zieldefinition und der tatsächlichen Zielerreichung vorliegen, so können diese in die Zielanalyse, der einer folgenden Iteration der Bearbeitung der Aufgabenblöcke einfließen.

4.5.6.3 Kosten- und Investitionsevaluation

Die Evaluierungskosten einer CVS Einführung lassen sich durch die Analyse der tatsächlichen finanziellen Aufwendungen im Verlauf der Einführung vornehmen. Es sind also die erwarteten SOLL-Kosten den IST-Kosten gegenüberzustellen. Durch die genaue Evaluierung können Unternehmen wichtige Erkenntnisse gewinnen, um ihre Kostenplanung und -kontrolle zu verbessern, sowie effizientere Entscheidungen bei Iterationen der Weiterentwicklung des CVS gewinnen. Dabei gilt es zunächst zu überprüfen, ob das definierte Budget für Ressource, Personal, Softwarelizenzen, Infrastruktur oder externe Dienstleistungen eingehalten wurden. Dafür ist es notwendig die Kosten während der Einführungsiteration kontinuierlich zu monitoren und zu dokumentieren. Dadurch kann jederzeit der Soll-Ist-Vergleich mit dem Budget vorgenommen werden. Aufbauend kann eine detaillierte Analyse der Kostenarten durchgeführt werden, um die tatsächlichen Ausgaben besser zu verstehen. Dabei können die Kosten für Personal, Softwarelizenzen, Hardware, externe Dienstleistungen oder Schulungen einzeln betrachtet werden. Mögliche Einsparungspotenziale für zukünftige Iterationen lassen sich dadurch identifizieren.

Neben der reinen Betrachtung der tatsächlich angefallenen Kosten, sollten diese zudem den erzielten Projektergebnissen gegenübergestellt werden. Dies ermöglicht eine Bewertung der Kosteneffizienz der CVS Einführung. Nach Abschluss des Softwareprojekts sollten eine sorgfältige Auswertung und Lessons-Learned-Übungen durchgeführt werden. Dabei werden die tatsächlich angefallenen Kosten reflektiert und analysiert, um Erkenntnisse für zukünftige Interaktionen und Projekte zu gewinnen.

4.5.7 Aufgabenblock 7 - Einführung

Nach dem das entwickelte CVS evaluiert wurde und optional kleinere Anpassungen am analytischen Modell, der Vorverarbeitung der Bilder oder der IT-Architektur durch Rücksprünge in die jeweiligen Aufgabenblöcke der Implementierung vorgenommen wurden, kann das CVS eingeführt werden. Die Einführung eines Softwaresystems umfasst nicht ausschließlich die technische Installation und Integration in die bestehende Systemlandschaft. Vielmehr spielt die soziale Komponente des Gesamtsystems ebenso eine entscheidende Rolle bei der Integration des CVS in die Organisationsstrukturen (Krcmar 2015, 273). Um diesen Herausforderungen aktiv zu begegnen und das entwickelte CVS nachhaltig und nutzenstiftend einführen zu können, bedarf es einer Einführungsstrategie. Wie auch bei der Konzeption und Entwicklung hängt die Wahl des Vorgehens vom Anwendungsfall ab, den das CVS bedienen soll. Umfang, Komplexität und die Reichweite der Auswirkungen des CVS sind dabei von Bedeutung. In diesem Spannungsfeld bennet Krcmar (2015, 269) drei Teilbereiche einer Softwareeinführung, welche sich für ein CVS wie folgt übertragen lassen:

1. Installation des CVS,
2. Schulung der Benutzer,
3. Inbetriebnahme.

Die Inbetriebnahme beschreibt in diesem Kontext den Prozess des Übergangs von der reinen Installation hin zum operativen Betrieb. Um das Risiko für diesen Übergang zu minimieren und diesen möglichst erfolgreich zu durchlaufen, ist die Wahl der geeigneten Strategie notwendig. Als Auswahlhilfe ist hierfür eine Übersicht möglicher Einführungsstrategien in der Tabelle 4.22 dargestellt.

Tabelle 4.22 Einführungsmöglichkeiten für Computer Vision Systeme

Art	Strategie	Beschreibung	Einsatzgebiete
Revolutionäre Einführungsstrategie	Big Bang *(direkter Umstieg)*	Der direkte Umstieg, welcher auch als Big Bang oder Großer Wurf bezeichnet wird, benennt die vollständige Einführung eines Systems an einem definierten Stichtag. Existierende Vorgänger Systeme werden an diesem Stichtag abgeschaltet. Obwohl diese Methode dadurch kosteneffizient erscheint, birgt sie erhebliche Risiken. Wenn im einzuführenden CVS Probleme auftreten, kann dies zu erheblichen negativen Konsequenzen führen und letztendlich zu höheren Kosten als bei einer schrittweisen Migration. Um das Risiko von Qualitätsproblemen zu minimieren, erfordert es einen erheblichen Aufwand in der Planung, was jedoch dazu führen kann, dass sich der Einführungsbeginn verzögert (Laudon, Laudon und Schoder 2010, 885, Krcmar 2015) 274.	• kleinere und risikoarme Anwendungen • Einführungen unter Zeitmangel

(Fortsetzung)

Tabelle 4.22 (Fortsetzung)

Art	Strategie	Beschreibung	Einsatzgebiete
Evolutionäre Einführungsstrategie	Phasenweise Einführung	Die phasenweise Einführung folgt einer schrittweisen Einführung des neuen Systems. Dies kann je nach Anwendungsfall funktions- oder abteilungsweise vorgenommen werden. Dadurch wird das Risiko einer Einführung minimiert, wodurch allerdings ein höherer Zeitaufwand notwendig ist (Laudon, Laudon und Schoder 2010, 886).	• umfangreiche und risikobehaftete Anwendungen • Es muss ausreichend Zeit für die Einführung zur Verfügung stehen
	Pilotstudie	Diese Einführungsstrategie umfasst die vorangegangene Migration des neuen Systems in einem begrenzten Bereich der Organisation. Das Ziel besteht in der Durchführung eines vollständigen Tests der Funktionalitäten. Erst wenn sich die Wirksamkeit des Systems bewährt hat, erfolgt die vollständige Migration (Laudon, Laudon und Schoder 2010, 886).	• komplexe Systeme, deren Funktionen ausführlich getestet werden müssen • nutzenstiftend, wenn hohe Sicherheit notwendig ist

(Fortsetzung)

Tabelle 4.22 (Fortsetzung)

Art	Strategie	Beschreibung	Einsatzgebiete
	Parallele Strategie (*langsame Optimierung*)	Eine Strategie zur Migration eines Systems, welches ein Vorgängersystem ablösen soll, ist die Parallele Methode. Dabei wird sowohl das alte System als auch das potenzielle Ersatzsystem für eine gewisse Zeit parallel betrieben werden. Dieser kostenintensive Ansatz stellt eine sicherste Einführungsstrategie dar, da im Falle von Fehlern das alte System weiterhin als Backup genutzt werden kann. Neben den hohen Kosten können jedoch auch Probleme mit Datenredundanzen auftreten (Laudon, Laudon und Schoder 2010, 885) (Krcmar 2015, 274).	• bestehendes System soll abgelöst werden.

Die Entscheidung für eine Einführungsstrategie hängt grundsätzlich vom Anwendungsfall und dessen Komplexität ab. Wären für eine CVS Einführung im Bereich der Automatisierung eines Produktionsprozesses eine evolutionäre Einführungsstrategie zielführender ist, um potenzielle Produktionsausfälle zu vermeiden, so können CVS mit reiner Unterstützender Funktion für Mitarbeiter auch revolutionär, also mit einem Big Bang, eingeführt werden. Dabei ist jedoch zu beachten, dass die hier beschriebene Einführung nicht erst das vollständigen finalisierte CVS umfasst. Vielmehr lassen sich bereits agil entwickelten Funktionen und Werte des vollständigen Systems einführen. Dies ist jedoch abhängig von der gewählten Projektmanagement Methode.

4.6 Überführung der Aufgabenpakete in ein Vorgehensmodell

Wie bereits zu Beginn des vorangegangenen Abschnittes dargestellt empfiehlt es sich die Arbeitspakete einer CVS-Einführung mittels agiler Methoden umzusetzen. Dadurch lässt sich von Beginn an der Benefit aufzeigen. Um jedoch auch die Möglichkeit eines potenziellen Ablaufes mittels klassischer Projektmanagement Methoden aufzuzeigen, werden die identifizierten Aufgabenpakte in diesem Abschnitt in ein Vorgehensmodell überführt. Das Ziel besteht darin, einen besseren Gesamtüberblick über die Aufgabenblöcke und deren Zusammenhänge zu ermöglichen.

Grundlage für dieses Vorgehensmodell bildet das CRISP-DM. Aufgrund dessen Fokus auf die analytische Datenverarbeitung sowie dessen Flexibilität eignet sich das CRIP-DM als Grundlage für die Entwicklung und Einführung von CVS. Das ursprüngliche CRISP-DM besteht aus sechs Phasen, die iterativ durchlaufen werden. Nach Abschluss der sechs Phasen beginnt ein neuer Zyklus und der Durchlauf der sechs Phasen kann erneut durchlaufen werden. Die Wahl des CRIPS-DM als Ausgangspunkt für die Entwicklung eines Vorgehensmodells ist neben der hohen inhaltlichen Passgenauigkeit dessen hoher Verbreitungsgrad geschuldet (Wirth und Hipp 2000). Das Vorgehen selbst stellt zwar keinen unmittelbar agilen Ablauf dar, die Einführung durch multiple Iterationen weist jedoch ebenfalls eine Flexibilität auf, welche für die CVS Einführung notwendig ist. Daher kann das Vorgehensmodell einen Überblick über ein mögliches Vorgehen zur Einführung darstellen, welches sich darauf angelehnt agil umsetzen lässt. Abbildung 4.22 zeigt das an das CRIP-DM angelehnte und erweiterte Vorgehensmodell zur Einführung von CVS. Ergänzt wurde der Ablauf um die IT-Infrastruktur- und -Architektur Themen, welche während einer CVS Einführung notwendig und relevant sind. Das CRISP-DM folgt dem Ziel der Datenanalyse, welche den Kern eines CVS darstellen. Jedoch handelt es sich bei einem CVS um ein ganzheitliches System. Daher sind diese Arbeitspakte zu ergänzen.

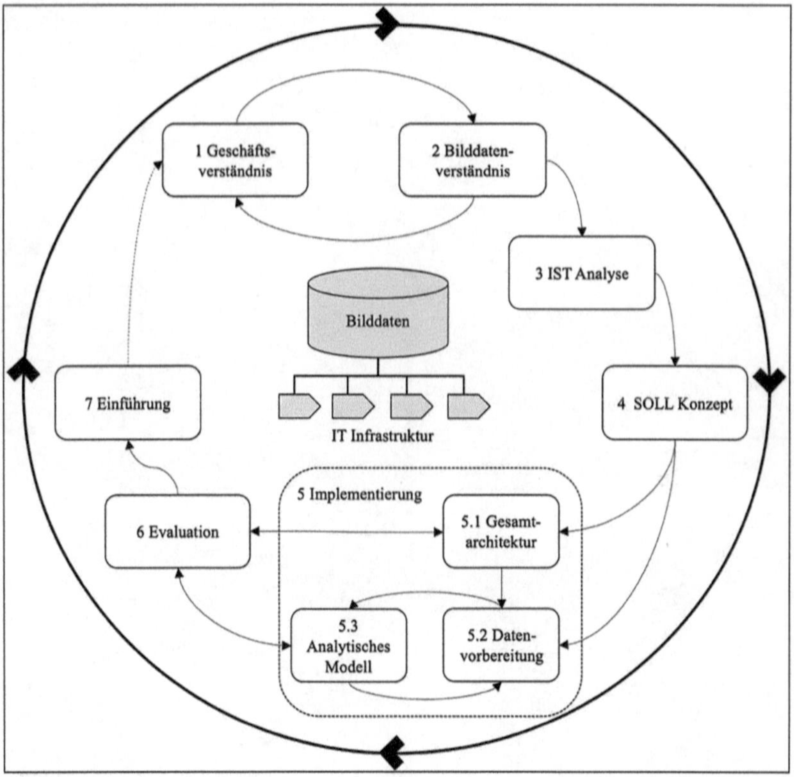

Abbildung 4.22 Ablauf zur Einführung eines CVS angelehnt an das CRISP-DM (Wirth and Hipp 2000)

Eine Iteration endet mit der Einführung. Diese ist jedoch nicht als die finale Einführung des CVS zu verstehen. Vielmehr beinhaltet dieser Schritt die zur Verfügungstellung der Ergebnisse der durchgeführten Iteration dar. Dadurch wird es möglich Feedback der beteiligten Stakeholder zum Ergebnis zu erhalten und darauf aufbauend Lerneffekte in die nächste Integration zu übertragen. Trotz der zielgerichteten Einführung inklusive aller vorangegangenen Schritten, findet der Einführungsprozess an dieser Stelle kein finales Ende. Viel mehr besteht die Möglichkeit direkt in eine neue Iteration überzugehen. So können die die gewonnenen Erkenntnisse und aufgebaute Infrastruktur für weitere Anwendungsfälle angewendet werden. Auch lässt sich die Prozessunterstützung durch CVS mit Hilfe einer weiteren Iteration weiter verbessern.

5 Diskussion der Forschungsergebnisse

Eine Forschungslücke zu schließen und bisher unbekannte Erkenntnisse über einen Forschungsgegenstand durch die Anwendung wissenschaftlicher Methoden zu erlangen, diesem Ziel folgt eine Forschungsarbeit. Im Kontext dieser Arbeit ist es das immense Potenzial, welches auf dem technischen und konzeptionellen Fortschritt beruht, dass diese Forschungslücke entstehen lässt. CVS können Aufgaben und Prozesse innerhalb von Anwendungsfällen effektiver oder effizienter ausführen und lösen. Dies nimmt vielschichtigen Einfluss auf die Organisationen, welche die Systeme implementieren wollen oder bereits einsetzen. In diesem Spannungsfeld konnte die Forschungslücke im Bereich der Einflussnahme von CVS auf Geschäftsmodelle identifiziert werden. Im Speziellen wurde der Fokus auf den Wertbeitrag gelegt, da dieser eine zentrale Komponente des Geschäftsmodells darstellt.

Der Forschungsablauf selbst sowie die erzielten Ergebnisse sind in den vorangehenden Kapiteln drei und vier dargestellt. Es verbleibt jedoch die Notwendigkeit, den Forschungsablauf sowie die erzielten Erkenntnisse in den Gesamtkontext einzuordnen, zu diskutieren und kritisch zu reflektieren. Diesem Zweck folgt dieses Kapitel. Die Diskussion wird zunächst anhand des erzielten Erkenntnis- und Gestaltungsgewinns dieser wissenschaftlichen Arbeit vorgenommen. Dabei werden nicht nur die generierten Ergebnisse in den Gesamtkontext eingeordnet, sondern auch der Forschungsablauf und das methodische Vorgehen kritisch reflektiert.

Ergänzende Information Die elektronische Version dieses Kapitels enthält Zusatzmaterial, auf das über folgenden Link zugegriffen werden kann https://doi.org/10.1007/978-3-658-49915-0_5.

S. Trinks, *Der Einfluss von Computer Vision Systemen auf Unternehmen*, Schriften zur Business Analytics und zum Informationsmanagement,
https://doi.org/10.1007/978-3-658-49915-0_5

5.1 Erkenntnisgewinn

Der technologische und konzeptionelle Fortschritt und die damit verbundenen Möglichkeiten haben in vielen Fällen das Potenzial, Abläufe, Anwendungen, Produkte oder Dienstleistungen auf ein neues Level zu heben. Die Potenziale von Data Analytics sowie der Künstlichen Intelligenz sind weitreichend. Die Zahl der Anwendungsmöglichkeiten scheint nahezu unbegrenzt. Doch allein die Möglichkeit eines Einsatzes bildet meist nicht mehr als den Ausgangspunkt für deren ökonomisch sinnhaften Einsatz innerhalb von Unternehmen. Diese verfolgen mit einem CVS-Einsatz in den meisten Fällen die Ziele der Kostenreduktion sowie der Qualitätserhöhung von Services oder Produkten. Die gewonnenen Erkenntnisse dieser Arbeit zeigen zudem auf, dass diese Hauptziele durch die Erhöhung der Effizienz, des Automatisierungsgrades sowie der Reduzierung der Latenz adressiert werden. Dabei müssen Barrieren überwunden und Einflussfaktoren zielgerichtet genutzt oder gesteuert werden.

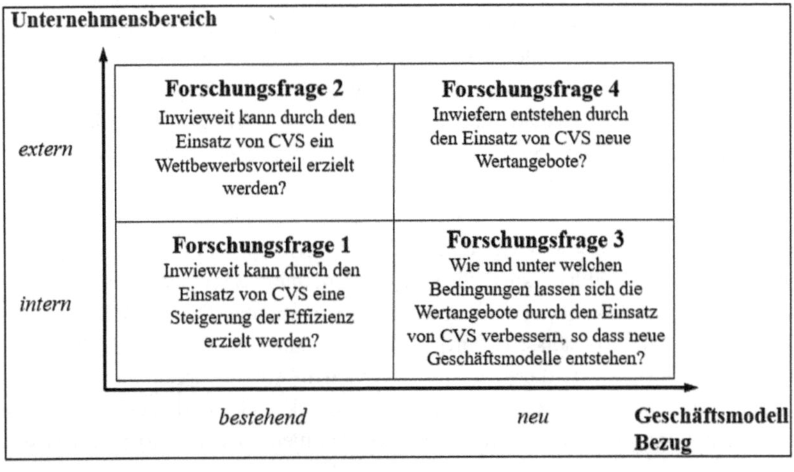

Abbildung 5.1 Einordnung der Forschungsfragen in die vier Quadraten Matrix

Im Rahmen dieser Forschungsarbeit liegt das Ziel in der Generierung von Erkenntnissen bezüglich des Zusammenhangs zwischen dem Einsatz von CVS und dem Wertbeitrag von Unternehmen. Diesem Zweck folgend wurde das Erkenntnisziel dieser Dissertationsschrift wie folgt formuliert:

Wie und unter welchen Bedingungen führen Computer Vision Systeme zu neuen oder veränderten Wertangeboten in Unternehmen?
Zur zielgerichteten Bearbeitung des Erkenntnisgegenstandes wurden vier Forschungsfragen aufgestellt, um das Erkenntnisziel überprüfbar zu gestalten. Die Diskussion der erzielten Erkenntnisse wird innerhalb der folgenden Abschnitte anhand dieser Forschungsfragen diskutiert. Die Abbildung 5.1 zeigt die Einordnung dieser in die vier Quadraten Matrix, um die Einordnung der generierten Erkenntnisse zu verdeutlichen.

Forschungsfrage 1: Inwieweit kann durch den Einsatz von CVS eine Steigerung der Effizienz erzielt werden?

Im Rahmen der durchgeführten Forschung wurde untersucht, wie sich der Einsatz von CVS in Organisationen auf deren Effizienz auswirkt. Dafür wurde zunächst in Abschnitt 2.2.1 (Seite 10) der Begriff der Effizienz betrachtet. Diese Arbeit folgt der Definition von Effizienz als Eigenschaft, welche darauf abzielt, einen Wert in der höchstmöglichen Qualität zu den geringsten Kosten zu erstellen (Cornelsen Verlag GmbH 2023). Daher wurde der Zusammenhang zwischen Quantitätserhöhung, Kostenreduzierung und dem Wertversprechen betrachtet und analysiert.

a) *Qualitätserhöhung des Outputs durch CVS*

Zur Annäherung an die Diskussion der Ergebnisse der Qualitätserhöhung durch CVS, bedarf es zunächst die Zwischenergebnisse zu reflektieren. Mittels empirischer Methoden wurde der Nutzen eines CVS innerhalb einer Organisation und der Qualität von Produkt oder Service untersucht. Die Antworten der Experten innerhalb der quantitativen Studie, auf die Frage, inwieweit CVS die Qualität des Outputs beeinflusst, liegen im arithmetischen Mittel mit 3,61 einer 5-Punkt-Likert Skala im höheren mittleren Bereich. Der Durchschnitt der ebenfalls quantitativ durchgeführten Evaluationsstudie bestätigt dieses Ergebnis mit einem Wert von 3,81. Betrachtet man die Antwort auf diese Frage in seiner Gesamtheit, so wird deutlich, dass 56,06 % der Antworten auf einen starken oder sehr starken Einfluss des CVS auf die Qualität entfallen und lediglich 3,03 % der Antworten innerhalb der qualitativen Studie auf die Ausprägung 1 (gar nicht) entfallen. Innerhalb der quantitativen Studie konnte somit nachgewiesen werden, dass der Einsatz eines CVS einem relevanten Einfluss auf die Qualität des Outputs haben kann. Auch die Aussagen der interviewten Experten, innerhalb der vorangegangen qualitativen Studie, bestätigen diese Feststellung (siehe Anhang C.2 im elektronischen Zusatzmaterial). Interessant ist hierbei die Aussagen eines Experten aus dem Automobilsektor, welcher angibt: „*Wir haben ein hoch qualitatives Produkt. Das Produkt wäre jedoch nicht schlechter, weil wir es anders absichern würden, aber gegebenenfalls teurer. Oder umständlicher auch.* [sic]" (siehe Anhang C.2.4 im elektronischen Zusatzmaterial) Auch sagt der Experte, dass das Ziel darin besteht „*...das angestrebte Qualitätslevel durch schlanke Prozesse zu erreichen.*" (siehe Anhang C.2.4 im elektronischen Zusatzmaterial). Diese Aussage legt nahe, dass die Erreichung des gewünschten Qualitätsniveaus auch mit anderen Technologien oder Methoden erreichbar ist. Eine Möglichkeit dafür stellt die Aufnahme und analytische Verarbeitung anderer Sensor- oder Maschinendaten dar. Diese enthalten zwar zumeist weniger Informationen, benötigen dafür im Gegenzug auch weniger Hardware- und Netzwerkressourcen, beispielsweise lassen sich auch Temperatur-, Druck-, Kraft- oder Drehmomentsensoren einsetzen. Durch einen kombinierten Einsatz verschiedenster nichtoptischer Sensoren mit analytischen Methoden kann ebenfalls eine Qualitätssicherung unterstützt werden. Jedoch speziell bei der Erkennung von Oberflächendefekten bieten CVS eine hohe Passgenauigkeit. Diese Aufgabe kann durch CVS mit hohen Erfolgsquoten gelöst werden, die ein Mitarbeiter, der diese Aufgabe manuell ausführt, kaum erreichen kann. Um die Prognosegenauigkeit weiter zu erhöhen, ist es abhängig vom Anwendungsfall außerdem möglich verschiedene Sensordaten für die Analyse zu fusionieren, was wiederum zu höheren Kosten führen kann.

Im Kontrast dazu sagte ein Experte, dass der Hauptfokus des CVS Einsatzes im Bereich der Kosteneinsparung liegt (siehe Anhang C.2.3 im elektronischen Zusatzmaterial). Daher wird dieser Bereich im folgenden Abschnitt ebenfalls diskutiert. Im Hinblick auf die Qualität des Outputs lässt sich abschließend festhalten, dass sich diese durch CVS erhöhen lässt und andere aufwendigere Maßnahmen zur Qualitätssicherung ablösen kann.

b) *Reduzierung der Kosten durch CVS*

Um eine potenzielle Steigerung der Effizienz aufzudecken, ist es notwendig, den Einfluss des CVS-Einsatzes auf die Kosten zu untersuchen. Auch hierfür wurde in der durchgeführten quantitativen Studie sowie deren Evaluation der Einfluss mittels einer 5-Punkt Likert-Skala abgefragt. Das arithmetische Mittel der Antworten liegt bei 3,61 sowie 3,58 innerhalb der Evaluationsstudie. Auch hier liegen die Ergebnisse im Durchschnitt also zwischen einem mittleren und starken Einfluss eines CVS auf die Kosten. Unter den, im Rahmen der qualitativen Analyse, befragten Experten herrscht Einigkeit darüber, dass CVS die Prozesskosten reduzieren können. Teilweise liegt, laut Aussagen der Experten, darin das Hauptziel des CVS-Einsatzes. Es gilt daher festzuhalten, dass der Einfluss eines CVS sowohl auf die Kosten als auch auf die Qualität des Outputs innerhalb der durchgeführten Studie nachgewiesen werden konnte. Die Qualität von Prozess, Produkt oder Service lassen sich auch durch andere – aufwendigere – Maßnahmen erreichen. Betrachtet man die Kostenreduzierung für Produktion oder Service, so scheint der Benefit von CVS nicht durch andere Maßnahmen oder Systeme erreichbar zu sein. Nicht zu vernachlässigen ist jedoch der Investitionsaufwand, welcher für die Implementierung sowie den Unterhalt des CVS notwendig ist. Speziell für den Einführungsprozess sind keine passenden Vorgehensmodelle oder Best Practices vorhanden, wodurch auch die entstehenden Kosten schwer kalkulierbar sind. Eine Gegenüberstellung der Kosten für eine manuelle Bearbeitung der Aufgabenstellung ist daher empfehlenswert. In einem nächsten Schritt der Kostenbetrachtung sollte überprüft werden, ob für den Anwendungsfall zwingend ein optischer Sensor eingesetzt und Bilddaten analytisch verarbeitet werden müssen. Ist der Anwendungsfall durch andere Sensoren und deren Verarbeitung ebenso unterstützbar, stellt dies gegeben falls eine Möglichkeit zur Kostenreduktion im Bereich der Hardwareressourcen dar. In diesem Zusammenhang ist es entscheidend, zu untersuchen, wie sich durch den gezielten Einsatz von CVS nicht nur Hardwarekosten, sondern auch Prozess- und Servicekosten durch die Automatisierung effektiv senken lassen.

c) *Prozessautomatisierung durch CVS*

Als automatisiert gilt ein Prozess oder eine Aufgabe, wenn dieser unter festgelegten Bedingungen frei von menschlichem Eingreifen ist (Heinrich, Linke und Glöckler 2022). Wird die Latenz eines Prozesses durch den Einsatz von CVS reduziert, so ist dies in vielen Fällen ein Resultat der Erhöhung des Automatisierungsgrades. Auch wenn ein CVS nur als Unterstützungssystem eingesetzt wird, entsteht die Latenzreduzierung in der Regel durch die Automatisierung von Teilaufgaben. Unternehmen ermöglicht die Automatisierung durch CVS daher diverse Chancen. Zum einen lassen sich Mitarbeiterkosten reduzieren. Zum anderen können Fertigungszeiten verkürzt werden. Neben der Verkürzung kann aber auch die Arbeit der Mitarbeiter Unterstützung finden, was wiederum zu einer höheren Qualität führen kann. Um diese Potenziale eines CVS in einem Unternehmen nutzbar zu machen sind jedoch Investitionen notwendig. Diese betreffen neben den notwendigen Hardwareressourcen auch den Aufbau oder den Zukauf von Know-how, sollte dieses nicht in ausreichender Form im Unternehmen vorhanden sein. Erst nach dem Überwinden dieser Barrieren, lassen sich Prozesse zielgerichtet automatisieren.

In den mittels der Online-Umfrage erhobenen Daten, liegt der Durchschnitt der Antworten auf die Frage der Latenzreduktion durch CVS bei 3,2 (5-Punkt Likert Skala). Das arithmetische Mittel entfällt demnach in den mittleren Bereich und ist damit etwas schwächer ausgeprägt als der Einfluss auf Kosten und Qualität. Der innerhalb der Evaluation erhobene Wert ist mit 3,53 etwas höher, bestätigt die Ergebnisse dennoch grundlegend. Auch die Aussagen innerhalb der Experteninterviews korrelieren mit den quantitativen Ergebnissen. So stimmen die Aussagen der Experten weitestgehend darin überein, dass CVS die Latenz minimieren und Prozesse damit beschleunigen können. Jedoch wird dies selten als primäres Ziel einer CVS-Einführung angesehen. Die Reduzierung der Prozesskosten und die Sicherstellung sowie Verbesserung der Qualität des Outputs genießen bei den befragten Experten einen höheren Stellenwert. Sowohl die höhere Qualität von Prozessen, Produkten oder Services, als auch die Reduzierung der Kosten sind auf die Loslösung menschlichen Eingreifens, also einer Automatisierung, zurückzuführen. Schlussfolgernd fußt der Mehrwert von CVS für Organisationen auf der Prozessautomatisierung.

d) *Effizienzsteigerung durch CVS*

Betrachtet man die gewonnenen Erkenntnisse über den Zusammenhang von CVS zu Qualität, Kosten und Prozessautomatisierung in Gänze, so wird die Notwendigkeit deutlich, die erzielten Ergebnisse hinsichtlich der Effizienzsteigerung zu diskutieren. Innerhalb der Evaluationsstudie wurden die Teilnehmer direkt nach dem Einfluss eines CVS auf die Effizienz befragt. Hierfür wurde ebenfalls eine 5-Punkt Likert-Skala verwendet. Das arithmetische Mittel entfällt mit 3,92 tendenziell in den Bereich des starken Einflusses eines CVS auf die Effizienz. Fasst man die erhaltenen quantitativen Ergebnisse zusammen, so ist festzuhalten, dass der Einfluss eines CVS sowohl auf die beiden relevanten Komponenten Qualität und Kosten festgestellt werden konnte. Ebenso ließ sich der Zusammenhang zur Automatisierung sowie zur Effizienz selbst feststellen. Der Einsatz traditioneller Bildverarbeitungstechniken, welche die manuelle Bewältigung von Aufgaben durch Mitarbeiter unterstützen, stellt daher keine geeignete Methode dar, um die Effizienz zu erhöhen. Diese Ergebnisse spiegeln sich auch in den qualitativen erhobenen Daten wider. Den mittels Experteninterviews erhobenen Daten, ist im Hinblick auf diese Fragestellung zu entnehmen, dass CVS in den Unternehmen zur Automatisierung von Prozessen beiträgt und deren Effizienz steigert.

Betrachtet man die erzielten Ergebnisse, so lassen sich diese im Kern wie folgt zusammenfassen. Die Steigerung der Effizienz bei der Herstellung von Produkten oder der Ausführung von Services durch CVS fußt auf der Erreichung des gewünschten Qualitätsniveaus durch Automatisierung und Kostenreduktion. Die Ausführung von Teilarbeitsschritten durch ein CVS reduziert in vielen Fällen die Kosten und führt zur Erreichung einer höheren Qualität. Begründet wird dies dadurch, dass das fehleranfälligere Eingreifen eines Mitarbeiters weniger notwendig wird. Im Kern besteht hierin Einigkeit bei den befragten Experten. Die Transkripte der durchgeführten Interviews sind im Anhang C im elektronischen Zusatzmaterial einsehbar. Jedoch gibt es unterschiedliche Aussagen bezüglich der Zielstellung der CVS im Unternehmen. Einerseits gaben die befragten Experten die Erhöhung der Effizienz als Hauptgrund für die CVS-Einführung an. Andererseits wurde dies nur als positiver Nebeneffekt bezeichnet. Auch wird laut der Experten durch den CVS-Einsatz das Ziel verfolgt, Folgekosten durch Beschwerden oder Retouren zu minimieren. CVS unterstützen dabei die Endabnahme von Produkten, um das definierte Qualitätsniveau sicherzustellen. Hierbei bieten bildgebende Sensoren den Vorteil, dass die erhobenen Daten eine hohe Informationsdichte besitzen. Um diese auf anderem Wege zu erreichen, wäre es notwendig eine Vielzahl an Sensoren für diese Aufgabe fusioniert einzusetzen.

Anders als bei dem Thema der Effizienzsteigerung verhält es sich bei den Aussagen der befragten Experten hinsichtlich der Mengensteigerung des Outputs. Dem wird, laut der Befragten keine große Bedeutung zugemessen. Die Experten verwiesen jedoch auf die tatsächliche Steigerung der Effizienz, die im Vordergrund stehe. Das Unternehmensziel der Effizienzsteigerung, dass durch die CVS-Einführung verfolgt wird, fand in den quantitativ erhobenen Daten ebenfalls Bestätigung. Die Erhöhung des Qualitätsniveaus, die Kostenreduktion sowie die Automatisierung und Effizienzsteigerung sind aktuelle Zielstellungen von CVS oder CVS-Einführungen in Organisationen. Abhängig von der Zielstellung und dem Fokus beeinflussen diese Zielstellungen und Faktoren den Wertbeitrag der Organisation.

Neben dem Einfluss von CVS auf die Effizienz von Unternehmen und Prozessen, zielt das Erkenntnisinteresse dieser Arbeit auf die Identifikation von Wettbewerbsvorteilen basierend auf dem Einsatz von CVS ab. Die in diesem Bereich erzielten Ergebnisse werden unter folgender Forschungsfrage diskutiert.

Forschungsfrage 2: Inwieweit kann durch den Einsatz von CVS ein Wettbewerbsvorteil erzielt werden?

Die Nutzung innovativer Technologien bietet Unternehmen die Möglichkeit, einen Wettbewerbsvorteil zu erlangen. Dabei ist es entscheidend, dass die eingesetzte Technologie Einfluss auf die Kostenreduktion oder die Differenzierung des Outputs, beispielsweise durch eine höhere Qualität nimmt (Porter 1985). Basierend auf den durchgeführten Vorstudien (Literaturrecherchen und Design Science Forschung) wurden die notwendigen Daten mittels qualitativer und quantitativer Studien im Rahmen eines Mixed-Methode Forschungsansatzes erhoben und ausgewertet. Es wurde untersucht, ob ein Wettbewerbsvorteil durch CVS entstehen kann.

a) *Kostenvorteil – Wettbewerbsvorteil durch Kostenreduktion*

Ein Wettbewerbsvorteil lässt sich durch die Erzielung eines Kostenvorteils gegenüber der Konkurrenz erzielen. Folgt man der klassischen Idee der Produktionsfunktion (Küpper und U. 1976), so lassen sich Kosten für Produkte oder Services in vielen Szenarien reduzieren, indem die Quantität innerhalb der Produktion oder der Serviceleistung erhöht wird. Ein weiterer potenzieller Ansatz besteht in der Reduktion der Produktions- beziehungsweise Servicekosten selbst. Die Potenziale der Kostenreduzierung durch CVS wurde bereits in vorangegangenen Abschnitten im Rahmen der Forschungsfrage 1 diskutiert. Das Potenzial der Kostenreduktion wurde darin ersichtlich. Die Automatisierung durch CVS in Bereichen wie der Qualitätskontrolle, Fehlererkennung oder Inventarüberwachung haben das Potenzial Prozesse zu beschleunigen und gleichzeitig Arbeitskosten zu senken. Für eine spezifischere Betrachtung im Hinblick auf die Organisationen wurden jedoch der Zusammenhang zur Unternehmensgröße, der Branche sowie des durch CVS ungestützten Anwendungsfalls untersucht.

Abbildung 5.2 zeigt, dass sowohl die Kostenreduzierung als auch die Erhöhung der Quantität durch CVS in kleinen Unternehmen im Durchschnitt deutlich größer sind. Der Einfluss auf die Kostenreduzierung bei Unternehmen mit weniger als 10 Mitarbeitern liegt mit 4,67 im sehr hohen Bereich. Kleinere Unternehmen weisen zumeist andere Ausgangsbedingungen und Strukturen auf, die den Effekt von Automatisierung und Effizienzsteigerung durch CVS stärker hervortreten lassen können. Größere Unternehmen hingegen haben oft bereits hoch optimierte Prozesse und automatisierte Systeme, sodass der zusätzliche Nutzen durch die Einführung von CVS vergleichsweise geringer ausfallen kann. Betrachtet man die erhobenen Daten, so wird jedoch deutlich, dass nur 10,24 % der gegebenen Antworten auf die Bereiche mit weniger als 50 Mitarbeitern entfallen. Es ist also hierbei kritisch anzumerken, dass eine Verzerrung der Ergebnisse für diesen Bereich nicht in Gänze ausgeschlossen werden kann.

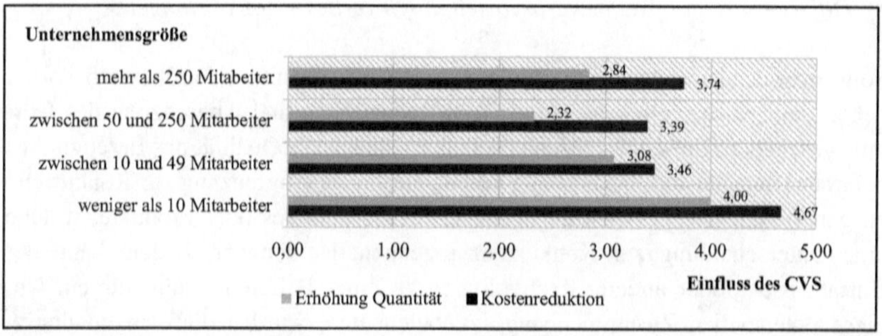

Abbildung 5.2 Zusammenhang zwischen Unternehmensgröße und Computer Vision Systeme Einsatz

Neben der Unternehmensgröße wurde ebenso der Zusammenhang zur Branche des Unternehmens im Kontext des Kostenvorteils durch CVS untersucht. Anders als bei der Unternehmensgröße, konnte in diesem Bereich kein überdurchschnittlicher Einfluss auf die Kostenreduktion und Quantitätserhöhung durch CVS-Einsatz ausgemacht werden. Vielmehr verdeutlichen die Ergebnisse, dass die Möglichkeit für Unternehmen einen Kostenvorteil durch ein CVS zu erzielen, keine Abhängigkeit von der Branche haben (siehe Anhang D2 im elektronischen Zusatzmaterial). Das gilt ebenso für den Anwendungsfall, welcher durch ein CVS im Unternehmen unterstützt wird. Große Unterscheidungen zwischen den verschiedenen Anwendungsgebieten lassen sich aus den erhobenen quantitativen Daten nicht ableiten (siehe Anhang D2 im elektronischen Zusatzmaterial). Neben der reinen Reduzierung der Prozesskosten, kann auch die Erhöhung der Produktionsmenge, also der Quantität, einen Beitrag zur Kostenreduzierung leisten. Durch die Kombination aus Automatisierung, Prozessoptimierung und Reduktion von Fehlern und Stillständen können CVS dazu beitragen, die Produktions- oder Servicemenge zu erhöhen. Auch hier decken sich die erzielten Ergebnisse der qualitativen- mit den der quantitativen Analyse. Die Erreichung einer Kostenführerschaft mittels einer Quantitätserhöhung ist daher im Grundsatz möglich.

Neben der Reduzierung von Prozesskosten, besteht die Möglichkeit der Differenzierung, um einen potenziellen Wettbewerbsvorteil zu generieren. Auch dies lässt sich durch den Einsatz von CVS anstreben und wird daher im nachstehenden Abschnitt diskutiert.

b) *Differenzierung – Wettbewerbsvorteil durch verbessertes Wertangebot*

Folgt man der Argumentation von Porter (1985), so kann ein Wettbewerbsvorteil neben dem Kostenvorteil auch durch Differenzierung und Abgrenzung des Outputs geschehen. Ein CVS kann hierbei unterstützen, die Qualität des Erzeugnisses oder der Dienstleistung zu erhöhen und dadurch eine Abgrenzung zur Konkurrenz zu generieren. Die Entwicklung gänzlich neuer Services oder Produkte, welche eine Unterscheidung zur Konkurrenz erzeugen, ist denkbar. Zudem kann der Einsatz neuer oder anderer Technologien zu einer Differenzierung führen. Um diese potenziellen Zusammenhänge zu beleuchten, wurden diese in qualitativ- und quantitativer Form untersucht. Die erzielten Ergebnisse werden in diesem Abschnitt diskutiert.

Wie vorangegangen im Rahmen der Forschungsfrage 1 diskutiert, ist die Erhöhung der Qualität durch CVS möglich. Somit lässt sich auch eine Differenzierung gegenüber dem Wettbewerber durch qualitativ höhere Produkte oder Services ableiten. Durch effizientere Prozesse und qualitativ hochwertigere Produkte oder Services können Unternehmen die Zufriedenheit und Loyalität ihrer Kunden steigern. Der Einsatz moderner Technologien wie CVS signalisiert Innovationskraft und können die Marktposition eines Unternehmens stärken. Auch ein CVS gestützter effizienterer Ressourceneinsatz kann hierzu einen Beitrag leisten und sowohl Kosten als auch Umweltbelastungen senken. Dennoch geben die befragten Experten fast einheitlich an, dass neben der Senkung der Kosten, die Erhöhung der Produkt- oder Servicequalität die Hauptgründe für den CVS Einsatz in ihrem Unternehmen sind.

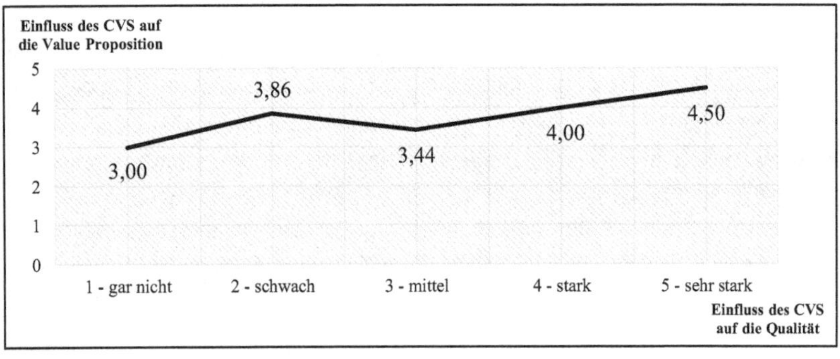

Abbildung 5.3 Einfluss von Computer Vision Systemen auf die Qualität des Outputs sowie die Value Proposition

Die Analyse der erzielten Ergebnisse der quantitativen Studie führt zudem zu der Schlussfolgerung, dass ein größerer Einfluss von CVS auf die Qualität des Outputs, auch einen größeren Einfluss auf den Wertbeitrag des Unternehmens hat. Abbildung 5.3 illustriert diesen Zusammenhang. Diese gewonnene Erkenntnis bestätigt die Notwendigkeit, den Einfluss von CVS auf das Wertversprechen zu untersuchen. Zum Zweck der spezifischeren Untersuchung dieses Phänomens wurde die Forschungsfrage 3 aufgestellt. Im nachstehenden Abschnitt werden die erzielten Ergebnisse in Bezug auf diese Forschungsfrage diskutiert.

Forschungsfrage 3: Wie und unter welchen Bedingungen lassen sich die Wertangebote durch den Einsatz von CVS verbessern, so dass neue Geschäftsmodelle entstehen?

Das Potenzial des Einsatzes von CVS zur Erhöhung oder Verbesserung des Wertbeitrages durch den Einfluss von CVS konnte im Rahmen dieser Forschungsarbeit nachgewiesen werden. Um den Gesamtzusammenhang zwischen CVS und dem Wertbeitrag spezifischer zu betrachten und Rückschlüsse auf das Geschäftsmodell zu schließen, wurden die Zusammenhänge zwischen der Latenzreduzierung, der Qualitätserhöhung und der Kostenreduktion auf das Wertversprechen in den quantitativen Daten näher betrachtet. Diese Einflussfaktoren konnten innerhalb der durchgeführten Literaturanalysen sowie bei der Entwicklung des Design Artefaktes identifiziert werden. Bei der Betrachtung der erhobenen Daten (siehe Anhang D.2 im elektronischen Zusatzmaterial) lassen sich folgende Auffälligkeiten feststellen:

- Beeinflusst das CVS im Unternehmen die Latenz oder Quantität *gar nicht,* so ist der Einfluss auf das Wertversprechen im *mittleren* Bereich.
- Nimmt das CVS im Unternehmen einen *hohen* Einfluss auf die Latenz oder Quantität, dann ist auch der Einfluss des CVS auf das Wertversprechen *hoch.*
- Wenn das CVS zum Zweck der Kostenreduzierung im Unternehmen eingesetzt wird, gibt es hingegen kaum einen Unterschied, ob die Reduktion der Kosten durch das CVS schwach, mittel oder stark ausfällt.

Weiterhin ist in den empirisch erhobenen Daten erkennbar, dass bei etwa der Hälfte der Befragten die Erhöhung der Produktions- oder Servicemenge keine Relevanz bei der Einführung und Nutzung von CVS hat. Allerdings entfallen auch ein Viertel der Antworten innerhalb der quantitativen Studie auf das Ergebnis, dass der Einfluss des CVS auf die Quantität des Outputs Einfluss nimmt.

Es lässt sich also schlussfolgern, dass es durchaus Anwendungsfälle für CVS gibt, welche die Produktions- oder Servicemenge beeinflussen. Durch Echtzeit-Analysen und schnelle Entscheidungsfindung mittels CVS können Unternehmen einen Benefit für ihre Kunden generieren. Betrachtet man die Antworten auf die Frage nach dem Einfluss von CVS auf den Wertbeitrag, so liegt der Durchschnitt der Antworten innerhalb der quantitativen Umfrage bei 3,9 (hoher Einfluss). Die Evaluation bestätigt dieses Ergebnis mit einem durchschnittlichen Wert von 3,74. Auf die Frage, ob neue Wertbeiträge entstehen, antworteten 35,13 % der Teilnehmer mit *„Ja“* und 56,75 % mit *„Nein“*. Es ist also anzunehmen, dass CVS vorhanden sind, welche neue Wertbeiträge entstehen lassen, beispielsweise können die gewonnenen Daten als Grundlage für wertschöpfende Dienstleistungen wie Predictive Maintenance oder Prozessoptimierung dienen. Dieses Ergebnis bestätigt auch die Aussagen innerhalb der Experteninterviews. Allerdings zielen die Mehrzahl der CVS auf die Erhöhung der Effizienz und eben nicht auf die Schaffung oder Verbesserung des Wertbeitrags ab. Die positive Einflussnahme auf das Geschäftsmodell als Ganzes ist nur in der Minderheit der Fälle Ziel des CVS-Einsatzes. Innerhalb der Evaluationsstudie wurden die Teilnehmer zur Überprüfung der Ergebnisse direkt nach dem Einfluss von CVS auf das Geschäftsmodell befragt. Darin entfallen 22,22 % der Antworten auf neu entstehende Geschäftsmodelle. Mit *„Nein“* beantworteten diese Frage 64 % der Antwortgeber. Der Einfluss auf den Wertbeitrag wird von den Teilnehmern der Umfrage im Durchschnitt viel stärker angesehen als der auf das Geschäftsmodell. Da das Wertangebot jedoch eine Kernkomponente des Geschäftsmodells ist, werden die erzielten Ergebnisse in diesem Kontext unter folgender Forschungsfrage spezifischer diskutiert, um die vorhandenen Zusammenhänge näher zu beleuchten.

Forschungsfrage 4: Inwiefern entstehen durch den Einsatz von CVS neue Wertangebote?

Der Einfluss von CVS auf das Wertangebot ließ sich im Rahmen der durchgeführten Forschung nachweisen. Mittels der vierten Forschungsfrage wurde untersucht, inwieweit CVS zu neuen Wertangeboten führen kann. Die im Rahmen dieser Forschungsfrage untersuchten Zusammenhänge sind in Abbildung 5.4 dargestellt und in die Vier Quadranten Matrix eingeordnet. Wie abgebildet wurde untersucht, ob basierend auf einem durch ein CVS generierte Effizienzsteigerung ein neues Wertangebot entstehen kann. Dasselbe wurde für einen, durch CVS generierten, Wettbewerbsvorteil sowie die schlichte Optimierung bestehender Wertangebote vorgenommen.

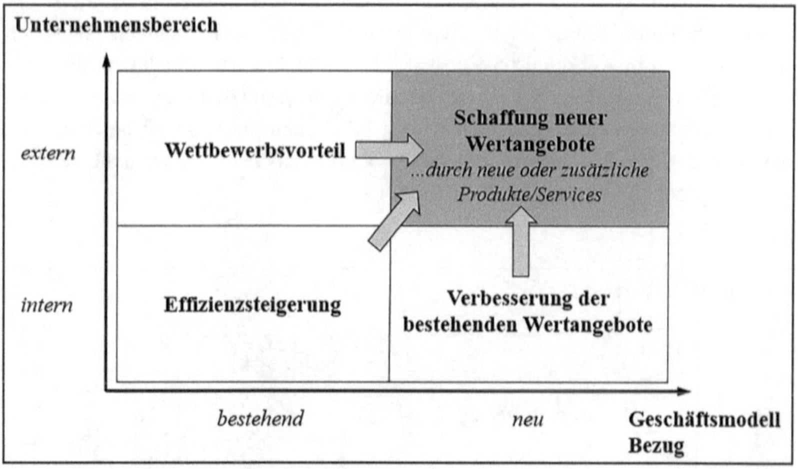

Abbildung 5.4 Vier Quadranten Matrix Effizienzsteigerung

Ausgangspunkt für die Untersuchung bildet die gewonnene Erkenntnis, dass durch den Einsatz von CVS die Effizienz bei der Herstellung von Produkten oder Dienstleistungen erhöht werden kann. Dies geschieht vorrangig durch eine Kostenreduktion und nicht durch eine Erhöhung des Wertangebotes. Die Automatisierung von einzelnen Prozessschritten durch CVS zielt jedoch nicht ausschließlich auf die Kostenreduktion ab. Auch können diese durch die Unterstützung von CVS zu einer höheren Qualität des Outputs führen. Hier lässt sich jedoch kein starker direkter Zusammenhang zwischen der Effizienzsteigerung durch CVS und der Schaffung neuer Wertangebote festhalten. Vielmehr kann dies eine Basis für einen Wettbewerbsvorteil, also eine Verschiebung in den zweiten Quadranten darstellen. So kann eine automatisierte Qualitätskontrolle zu einem höheren Qualitätsniveau durch die Reduktion von Fehlerquoten und die schnellere Inspektion von Bauteilen führen. Die hierdurch gewonnene Präzision und Konsistenz in der Produktion bildet dadurch die Grundlage für ein erweitertes Wertangebot. Ein verstärktes Vertrauen der Kunden in die Zuverlässigkeit des Produkts oder Services kann entscheidend zur Differenzierung vom Wettbewerb beitragen und das Unternehmen in eine stärkere Position auf dem Markt verschieben. Die Abbildung 5.5 illustriert die beschrieben identifizierten Zusammenhänge.

Ein verbessertes Wertangebot kann, wie beschrieben, also ebenfalls zu einem Wettbewerbsvorteil führen. Daher wurde auch dieser Zusammenhang zwischen den Quadranten in Abbildung 5.5 ergänzt. Die untersuchten Annahmen, dass aus einer Effizienzsteigerung oder einem durch CVS unterstützten Wettbewerbsvorteil neue Wertangebote entstehen, fand in den erhobenen Daten keine ausreichende Bestätigung. Jedoch können verbesserte Wertangebot ein Startpunkt für die Schaffung neuer Wertangebote darstellen.

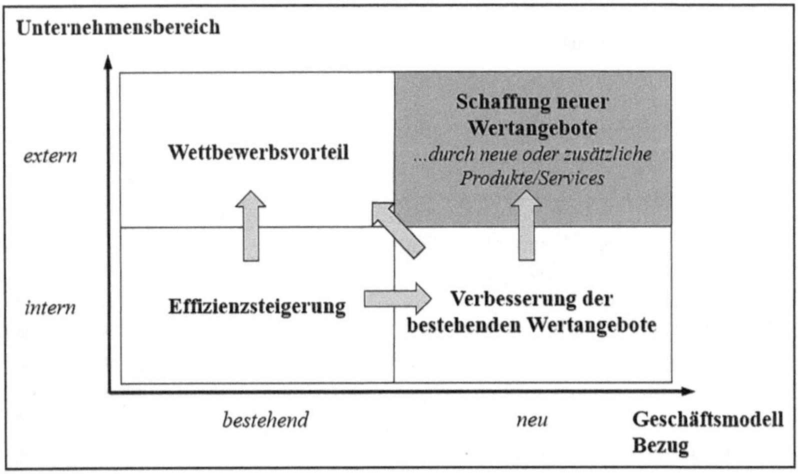

Abbildung 5.5 Identifizierte Zusammenhänge innerhalb Vier Quadranten Matrix

In diesem Zusammenhang ist festzuhalten, dass die vermutete Effizienzsteigerung sowie die Generierung eines Wettbewerbsvorteils durch CVS eher in Ausnahmefällen die Basis für die Schaffung neuer Wertangebote bilden. Hierbei wir ein CVS vielmehr zur Unterstützung bestehender Prozesse eingesetzt, als zur direkten Schaffung neuer Werte. Jedoch können durch den Einsatz von CVS Werte indirekt weiterentwickelt werden, indem Prozesse effizienter und zuverlässiger gestaltet werden. Diese indirekten Effekte schaffen die Grundlage für weiterentwickelte Wertangebote, wie individuellere Dienstleistungen oder eine gesteigerte Kundenzufriedenheit, die den Wertbeitrag eines Produkts oder einer Dienstleistung nachhaltig erhöhen. Anders stellt es sich dar, wenn das bestehende Wertangebot in einem Unternehmen gezielt durch ein CVS erhöht werden soll.

In diesem Fall kann dies ein Ausgangspunkt für die Schaffung eines neuen Wertangebots sein. Dieser Einfluss kann von den Unternehmen zielgerichtet genutzt werden, um neue Wertangebote zu entwickeln. Aus diesem Grund wurden im Rahmen dieser Arbeit, aufbauend auf den gewonnenen Erkenntnissen, Gestaltungsempfehlung für die wertbeitragsorientierte Einführung von CVS abgeleitet und entwickelt. Die Diskussion wird im Abschnitt 5.2 vorgenommen.

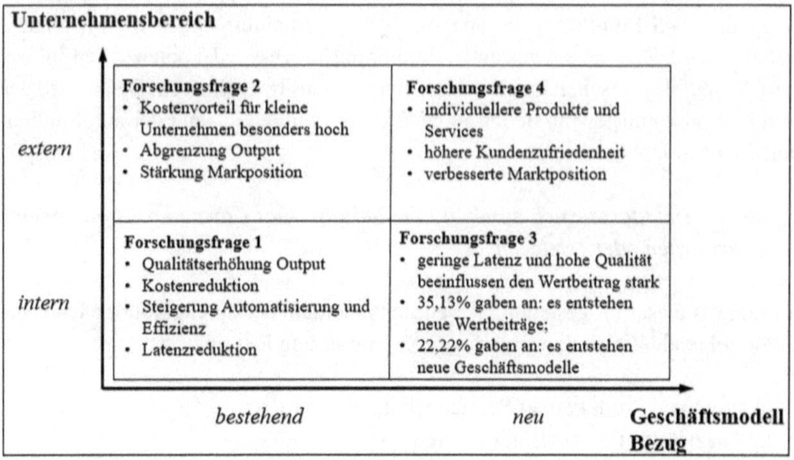

Abbildung 5.6 Einordnung der Haupterkenntnisse in die Vier Quadranten Matrix

Einen abschließenden Überblick über die generierten Erkenntnisse, die bei der Betrachtung der vier Forschungsfragen entstanden sind, ist in Abbildung 5.6 dargestellt. Die gewonnenen Erkenntnisse wurden hierbei in die Vier Quadranten Matrix eingeordnet und stellen die Grundlage für die Entwicklung der Gestaltungsempfehlungen dar.

5.2 Gestaltungsempfehlungen

Der Gewinn von Erkenntnissen bildet stets die Grundlage für die Ableitung von Gestaltungsempfehlungen. Bei der Entwicklung dieser stellt sich die Frage, wie sich die gewonnen Erkenntnisse nutzenstiftend anwenden lassen (Töpfer 2012). Die Ableitungen und entwickelten Maßnahmen, welche auf die Erreichung der formulierten Ziele abzielen, werden in diesem Abschnitt diskutiert. Die Diskussion der Ergebnisse orientiert sich dabei am definierten Gestaltungsziel, welches in folgendem Wortlaut beschrieben ist:

Entwickeln von Gestaltungsempfehlungen für Unternehmen zur Einführung von Computer Vision Systemen.
Diesem Ziel folgend wurden aus den gewonnenen Erkenntnissen Aufgabenpakte für die Einführung von CVS in Unternehmen abgeleitet. Die Aufgabenpakte legen den Fokus der CVS-Einführung auf den Wertbeitrag des einführenden Unternehmens. Dadurch wird während des gesamten Einführungsprozesses der potenzielle Einfluss des CVS auf das Geschäftsmodell des Unternehmens betrachtet. Im Detail wird der erzielte Erkenntnisgewinn in den folgenden Abschnitten anhand der aufgestellten Fragen diskutiert.

a) *Welche Ziele lassen sich durch die Einführung eines Computer Vision Systems unterstützten oder erreichen?*

Im Kontext dieser Fragestellung ließen sich innerhalb der durchgeführten Untersuchung folgende Zielstellungen einer CVS-Einführung identifizieren:

- Qualität von Produkt oder Service erhöhen
- Latenzzeit des Prozesses minimieren
- Kosten reduzieren

Die zudem vermutete Erhöhung der Quantität des Outputs fand keine Bestätigung als primäres Ziel einer CVS-Einführung. Jedoch wirken sich die drei identifizierten Ziele auf den Wertbeitrag der Unternehmen aus. Hierbei ist zunächst die Qualitätserhöhung des Outputs zu nennen. In der Lebensmittelindustrie führten Unternehmen beispielsweise CVS, um die Verpackungen auf der Förderlinie automatisch auf Defekte zu prüfen und wenn notwendig auszusortieren, wodurch wiederum die Produktqualität in ihrer Gesamtheit angehoben werden konnte (Laucka, et al. 2016). Der Wert, welcher für den Kunden generiert wird, lässt sich dadurch potenziell vergrößern. Des Weiteren ist die Reduktion der Prozesslatenz zumeist auf eine Erhöhung des Automatisierungsgrades durch CVS zurückzuführen, wodurch sich wiederum die Kosten verringern lassen. Einen verbreiteten Einsatz zu diesem Zweck finden CVS in der Textilindustrie. Dabei wird die Prüfung von Gewebefehlern wie Maschen, Schiefstellungen, Fettflecken, Fehlstichen oder Knoten automatisiert, wodurch fehlerhafte Produkte in Echtzeit aus der Produktionslinie entfernt werden können (Divyadevi und Kumar 2019). Dadurch lassen sich nicht nur die Prozesskosten senken, auch Folgekosten für aufwendige Nacharbeiten oder Retouren lassen sich so senken.

b) *Wie lässt sich der Einführungsprozess, hin zu einem nutzenstiftenden CVS realisieren?*

In ihrer Gesamtheit führen sowohl die Qualitätserhöhung, also auch die Kostenreduktion zu einer Steigerung der Effizienz. Für das Unternehmen, welches ein CVS einführt und einsetzt, kann dies einen Wettbewerbsvorteil bedeuten. Zudem kann es möglich werden, dass eine Anpassung des Geschäftsmodelles durch die Erhöhung der Value Proposition möglich wird. So können die zusätzlich erzeugten Werte in das Kosten- und Erlösmodell übertragen werden und so einen Beitrag zur Wertschöpfung liefern. Je größer der Einfluss auf die Value Proposition ist, umso größer ist auch die Beeinflussung des Geschäftsmodell. Um dieses zu erreichen, müssen im Unternehmen die Ziele und der Fokus auf den entstehenden Wertbeitrag über den gesamten Einführungsprozess des CVS präsent sein. Klassische Vorgehensmodelle, wie beispielsweise Spiral-, V- oder Wasserfallmodell aus der Softwareentwicklung, allein sind nicht geeignet für diese den Anwendungsfall einer CVS-Einführung. Daher wurden Arbeitspakete für die Einführung von CVS abgeleitet und entwickelt. Diese enthalten wiederum einzelne Schritte aus den genannten Vorgehensmodellen, welche jedoch spezifisch auf die Herausforderungen im Bereich von CVS angepasst sind. Um die Erhöhung des Wertbeitrages in den Mittelpunkt der Einführung zu stellen, müssen die Ziele der CVS-Einführung direkt in einem ersten Arbeitspaket identifiziert und definiert werden. Zusätzlich ist es notwendig deren Wechselwirkungen zur Organisation und den Anwendungsfällen, welche unterstützt werden sollen, offen zu legen. Nach diesem initialen Schritt einer CVS-Einführung ist die Bearbeitung der weiteren identifizierten Arbeitspakete notwendig. Aufgrund der Komplexität und der Individualität im Hinblick auf das einführende Unternehmen selbst, empfiehlt sich die innerhalb dieser Arbeit abgeleiteten und erarbeiteten Arbeitspakte mittels agiler Methoden oder mittels eines iterativen Vorgehens einzuführen. Um einen Überblick und eine mögliche Reihenfolge der Arbeitspakte darzustellen, wurden diese mittels des CRISP-DM (siehe Abbildung 4.22) dargestellt. Das CRISP-DM ist ein iteratives branchenunabhängiges Prozessmodell für Data Mining und damit für die Analyse großer Datenmengen (Schröer, Kruse und Gómez 2021).

Nach der erfolgreichen Zieldefinition gilt es die Anforderungen an die benötigten Bilder zu erfassen und deren Aufnahmeprozess zu betrachten. Hierbei stellen sich die Fragen, welche Herausforderungen bestehen, und wie diese überwunden werden können, um die Inputdaten möglichst frei von störenden Einflüssen aufzunehmen. Ein CVS umfasst neben den Aspekten der Datenanalyse ebenso systemische Herausforderungen. So müssen in einem Einführungsprozess Hard- und Software sowie entsprechende Netzwerkarchitekturen implementiert und in die bestehende IT-Infrastruktur integriert werden. Zu diesem Zweck wurden Methodiken der Anforderungsanalyse sowie Bestandteile weiterer Vorgehensmodelle wie dem Spiralmodell genutzt. Um die Anforderungen an die notwendige Hardware sowie die Netzwerkarchitektur zum Transfer der Bilddaten zu ermitteln, die IST-Analyse und das SOLL-Konzept im entwickelten Ablaufmodell ergänzt. Für eine zielgerichtete Einführung eines CVS müssen alle notwendigen Teilbereiche von Bildaufnahme, Verarbeitung, Anwendung der Algorithmen sowie die Auslösung der Reaktion Betrachtung finden. Diese bedürfen neben der Umsetzung auch die entsprechenden Strukturen. Da hierfür eine umfassende IT-Infrastruktur notwendig ist, sollte diese in die bestehende integriert werden. Zudem sollte im Sinne der Wirtschaftlichkeit und der Verringerung der notwendigen Investitionen geprüft werden, ob sich die bestehende IT-Infrastruktur oder zumindest Teile dieser für das CVS nutzen lassen. Aus diesem Grund umfassen die abgeleiteten Aufgabenpakete die ganzeinheitliche Einführung und Integration eines CVS. Daher werden auch die Implementierung und Integration der notwendigen Netzwerkarchitektur betrachtet. Das gesamte Vorgehen ist darauf ausgerichtet, den Wertbeitrag des Unternehmens, durch die CVS-Einführung zu erhöhen und damit das Geschäftsmodell im Positiven zu verändern. Dadurch lassen sich anhand der aufgestellten Ziele oder Zwischenziele (Qualität erhöhen, Kosten senken, Latenzzeiten reduzieren) überprüfen. Die Evaluation verschiedener Teilbereiche wurde deshalb als eigenständiges Arbeitspaket identifiziert. Die Einführung, des Gesamt- oder eines Teilsystems des CVS, kann nach der Evaluation durchgeführt werden. Aufgrund der Komplexität ist es unwahrscheinlich, dass alle Herausforderungen bereits nach einmaliger Bearbeitung der Arbeitspakte abgeschlossen sind. Durch die Evaluation können zudem neue Herausforderungen oder Verbesserungspotenziale für das CVS identifiziert werden, welche anschließend in einer weiteren Iteration der Arbeitspakete münden.

Das entwickelte Einführungsmodell besteht daher aus sieben Hauptschritten, welche innerhalb eines interaktiven Prozesses durchlaufen werden. Dabei enthält jeder Hauptschritt Gestaltungsempfehlungen für die Einführung des jeweiligen Teilbereiches des CVS. Dabei wird stets das Ziel der Erhöhung des Wertbeitrages verfolgt. Diesem Ziel folgend ist es grundsätzlich empfehlenswert, die Einführung und Abarbeitung der Arbeitspakete mit agilen Methoden durchzuführen. Agile Methoden ermöglichen eine flexible und iterative Vorgehensweise, bei der Teams kontinuierlich zusammenarbeiten und sich an verändernde Anforderungen anpassen können. Durch den Einsatz agiler Methoden können individuelle Herausforderungen schneller erkannt und behoben werden, während gleichzeitig eine höhere Transparenz und Effizienz in der Projektdurchführung erreicht wird. Wie auch die erzielten Erkenntnisse unterliegen die Gestaltungsempfehlungen Limitierungen, welche im folgenden Abschnitt diskutiert werden. Das entwickelte Vorgehen, inklusive der einzeln abgeleiteten Arbeitsschritte, eröffnet Unternehmen die Möglichkeit CVS-Einführungen zielgerichtet zu planen und umzusetzen. Für die Forschung setzt das Vorgehen einen Rahmen für weiterführende zielgerichtete Untersuchungen und Forschung in den einzelnen Bereichen der Arbeitspakete.

5.3 Kritische Reflexion

Um mittels der erzielten Erkenntnisse einen Beitrag für die wissenschaftliche Diskussion zu generieren, ist eine kritische Reflexion der durchgeführten Forschung unausweichlich. Im Rahmen dieser Dissertation konnten Erkenntnisse über den Einfluss von CVS auf Unternehmen erzielt werden, welche in Gestaltungsempfehlungen für die Einführung eines solchen Systems mündeten. Um diesen Ergebnissen einen Wert zu verleihen, ist es notwendig den gesamten Weg zur Erkenntnis zu reflektieren und Limitierungen zu benennen. Auf diese Weise können Ansätze für zukünftige Untersuchungen identifiziert und offengelegt werden. Diese Forschungsarbeit folgte einem Erkenntnis- sowie einem Gestaltungsziel, deren Erreichung in diesem Abschnitt, beginnend mit dem Erkenntnisziel, reflektiert werden. Das Erkenntnisziel der Dissertationsschrift folgt der Fragestellung:

Wie und unter welchen Bedingungen führen Computer Vision Systeme zu neuen oder veränderten Wertangeboten in Unternehmen?
Unter dieser Frage wurden zunächst organisatorische- als auch technische Einflussfaktoren identifiziert. Diese wurden mittels strukturierter Literaturanalysen sowie der Entwicklung eines Design Artefakts unter Zuhilfenahme eines gestaltungsorientierten Forschungsansatzes vorgenommen. Bei dem entwickelten Artefakt handelt es sich um einen CVS-Prototyp für einen speziellen Anwendungsfall im Bereich der Qualitätssicherung. Die relevanten Erkenntnisse werden dabei innerhalb des Konzeptions- und Entwicklungsprozesses gewonnen und bilden gemeinsam mit der Identifikation des aktuellen Standes der wissenschaftlichen Diskussion den Ausgangspunkt der Forschung. Dies ermöglichte es, den Einfluss der identifizierten Faktoren auf das Wertangebot von Unternehmen und deren

Geschäftsmodelle zu identifizieren. Der Einfluss und die Beziehungen zwischen den einzelnen Faktoren sowie auf den Untersuchungsgegenstand wurde mittels bestehender Theorien und Modellen untersucht. Das Task-Technology Fit Modell bildete hierbei aufgrund seiner Passgenauigkeit die Hauptkomponente für das entwickelte Modell. Mittels eines Mixed-Methode Forschungsansatzes wurde das Modell und die beschriebenen Beziehungen untersucht, angepasst und erweitert. Durch einen kombinierten Einsatz qualitativer und quantitativer Verfahren konnten die hypothesierten Zusammenhänge überprüft und angepasst werden, so dass am Ende ein vollständiges theoretisches Modell entstanden ist. Dieses beschreibt den Einfluss von CVS auf den Wertbeitrag von Unternehmen.

Eine Herausforderung, speziell für die empirisch durchgeführten Untersuchungen, stellte die Anzahl an verfügbaren Experten im Bereich Computer Vision dar. Hierbei gab es multiple Faktoren. Zum einen ist der Bereich Computer Vision für die Arbeitswelt noch jung. Dies minimiert bereits die Anzahl an Experten, welche die Anforderung erfüllen, mindestens zwei Jahre aktiv im Bereich Computer Vision in technischer oder fachlicher Funktion gearbeitet zu haben. Zum anderen ist die Identifikation der Experten herausfordernd, da es nicht die eine explizite Stellenbeschreibung für die gesuchten Experten gibt. Aus diesem Grund wurden die Experten für die quantitative Untersuchung über Experten Gruppen innerhalb ausgewählter Social Media Plattformen durchgeführt. Die Experten mussten daher eigenständig aktiv werden, um an der Umfrage teilzunehmen. Da durch dieses Verfahren nicht ausgeschlossen werden kann, dass Teilnehmer nicht die notwendige Expertise besitzen, wurde diese innerhalb der Umfrage getestet. Dadurch konnte diese Limitierung verringert, aber nicht vollständig ausgeschlossen werden. Auch führte das Vorgehen zu einer hohen Abbruchquote. Von 300 Fragebögen konnten nur 83 in die Auswertung einfließen. Durch dieses Vorgehen konnte gesichert werden, dass die Teilnehmer die notwendige Expertise aufbringen, jedoch verkleinerte es den Datensatz, was wiederum als Limitierung angesehen werden kann. Die gezogenen Rückschlüsse sind immer vom jeweiligen Experten subjektiv beeinflusst und daher kritisch zu betrachten und hinterfragen. Durch die große Inhomogenität der Anwendungsfälle und Unternehmen, in welchen CVS eingesetzt werden, können zudem Verzerrungen im Datensatz nicht vollständig ausgeschlossen werden und wurden daher bei der Analyse der Daten berücksichtigt. Dabei wurde offensichtlich, dass die Mehrheit der Teilnehmer aus größeren Unternehmen stammt und vorwiegend aus Abteilungen, welche für die Aufrechterhaltung des operativen Geschäfts notwendig sind. Experten, welche an innovativen Ideen mittels CVS arbeiten, sind in der Studie unterrepräsentiert. Hier besteht eine Barriere für die Teilnahme an wissenschaftlichen Studien, da die Experten den Verlust des Wissensvorsprungs fürchten.

Unter den genannten Limitierungen gilt es, die erzielten Ergebnisse einzuordnen. Die Experten in gestanden Unternehmen, abseits von Forschungs- und Entwicklungsabteilungen, zielen mit dem CVS-Einsatz vor allem auf die Erhöhung von Produkt- und Servicequalität, die Reduzierung der Kosten sowie die Erhöhung der Effizienz ab. Diese wird nicht zuletzt durch die Verringerung von Prozessdurchlaufzeiten und eines höheren Automatisierungsgrades möglich. Inwieweit dies auch auf Startups oder andere Formate, welche innovative Geschäftsmodelle entwickeln, zutrifft, kann diese Untersuchung nicht abschließend klären. Hier ergibt sich ein Ansatzpunkt für zukünftige Forschung. Ausgehend von diesen Erkenntnissen wurde das Gestaltungsziel unter folgender Frage erarbeitet.

Einen weiteren limitierenden Faktor stellt die rasante technologische Entwicklung in allen beteiligten Bereich von Computer Vision dar. So lösen sich mutmaßlich identifizierte Herausforderungen im Bereich der Echtzeitapplikationen auf, da verbesserte Hardware sowie leistungsfähigere Netzwerke den Transfer sowie die Analyse der Bilddaten beschleunigen. Dadurch kann sich zukünftig eine höhere Prognosewahrscheinlichkeit nicht mehr signifikat auf die Latenz der Applikation auswirken. Somit lösen sich identifizierte Herausforderungen im Rahmen von CVS mutmaßlich durch veränderte Rahmenbedingungen auf. Aktuell sind diese Herausforderungen jedoch zu bewältigen. Dasselbe gilt für die Weiterentwicklung der analytischen Methoden oder der Speicherung von Bilddaten. Es wird demnach ersichtlich, dass die Forschung in diesem Bereich kontinuierlich fortgesetzt werden muss, um veränderte Herausforderungen zu bedienen.

Betrachtet man die gewählten wissenschaftlichen Methoden, welche zur Schließung der Forschungslücke Einsatz fanden, dann wird ersichtlich, dass deren Kombination und Zusammenspiel so gewählt wurde, um die Limitierungen einer Methode durch eine weitere zu schließen. Dennoch lassen sich diese Limitierungen nicht vollständig eliminieren, da ein subjektiver Beitrag der beteiligten Experten sowie der Forschenden Bestandteil einer jeden Forschungsarbeit bleibt. Der erkenntnistheoretischen Position des kritischen Realismus folgend, wird der vollständige objektive Erkenntnisgewinn als hypothetisch angenommen (Töpfer 2012, 108) und stellt somit immer eine Limitierung dar.

Entwickeln von Gestaltungsempfehlungen für Unternehmen zur Einführung von Computer Vision Systemen.

Anhand der identifizierten Einflussfaktoren auf ein CVS konnten Empfehlungen für die Einführung eines solchen Systems im Unternehmen erstellt werden. Dafür wurden zunächst die nachstehenden möglichen Ziele identifiziert und in die

Vier Quadranten Matrix eingeordnet. die ein Unternehmen mittels der Einführung eines CVS verfolgen kann:

- Effizienzsteigerung (Qualitätserhöhung, Kostensenkung)
- Generierung eines Wettbewerbsvorteils (Kostenführerschaft, Differenzierung)
- Verbesserung des bestehenden Wertangebotes (Qualitätserhöhung)
- Schaffung neuer Wertangebote

Anhand dieser Möglichkeiten wurde innerhalb des quantitativ erhobenen Datensatzes ausgewertet, wie sich dieser auf die jeweiligen Ziele im Unternehmen auswirkt. Unternehmen haben daher die Möglichkeit, besser abschätzen zu können, ob die gesteckten Ziele durch die Einführung eines CVS möglich sind. Für den Einführungsprozess eines CVS wurde daher basierend auf den gewonnenen Erkenntnissen ein Ablaufplan entwickelt, welcher aus den sechs Schritten Zieldefinition, Organisationsanalyse, Anwendungsfallanalyse, IT-Infrastruktur Analyse, Konzeption und Implementierung besteht. Dieser hilft Unternehmen dabei, eine CVS-Einführung strukturiert und zielorientiert vornehmen zu können.

An dieser Stelle stellt sich die Frage nach den Limitierungen, welche die entwickelten Gestaltungsempfehlungen aufweisen. Diese schließen sich zunächst denen aus dem Erkenntnisgewinn resultierenden Limitierungen an. Aus diesen resultiert, dass die erstellten Gestaltungsempfehlungen eine Passgenauigkeit für große und bestehende Unternehmen aufweisen. Es ist jedoch nicht auszuschließen, dass Eigenheiten für kleinere Unternehmen in der Studie nicht im Ergebnis inkludiert sind. Dadurch deckt diese Forschungsarbeit ein Forschungslücke auf, die sich mit der Frage beschäftigen muss, inwieweit eine Unterscheidung hinsichtlich der Unternehmensgröße und des -alters vorhanden ist. An dieser Stelle sollten zukünftige Forschungsarbeiten ansetzen, um das entstandene Gesamtbild zu schärfen. Weiterhin ist jedoch zu berücksichtigen, dass die Einführung eines umfassenden Systems, wie eines CVS, immer Abhängigkeiten zur Unternehmensstrategie aufweist. Die durchgeführte Forschung begegnete diesem Sachverhalt, indem lediglich Arbeitspakete für dein Einführung eines CVS empfohlen werden und kein vollständiges Einführungsmodell. Dadurch ist eine Anpassung an die jeweilige Unternehmenssituation und -strategie möglich.

Eine weitere Einschränkung der durchgeführten Arbeit stellt die Exklusion der Betrachtung des notwendigen vorhandenen Know-how im Unternehmen dar, welches ein CVS einführen will. An dieser Stelle eröffnet sich ein zusätzliches

Forschungsfeld. Es gilt zu klären, wie Kompetenzen innerhalb des Unternehmens verteilt und die Bearbeitung der aufgestellten Arbeitspakte realisiert werden können. Einen offenen Punkt stellt zudem der Umgang mit identifizierten Wissenslücken im Unternehmen dar. Der Aufbau oder Zukauf von Wissen ist innerhalb der durchgeführten Untersuchung nicht inkludiert und stellt somit ebenfalls einen Anknüpfungspunkt für weiter Forschungsprojekte dar.

6 Fazit und Ausblick

Der Prozess Sehen, Erkennen und Entscheiden (Jähne, et al. 2013, 7) war in seiner Vollständigkeit in Unternehmen lange nur durch den Einsatz von Mitarbeitern realisierbar. Der technische und konzeptionelle Fortschritt der letzten Jahrzehnte in diesem Bereich eröffnet die Möglichkeit, digitale Bildverarbeitung und analytische Methoden gewinnbringend zu kombinieren. Dadurch lässt sich der genannte Prozess ohne menschliches Eingreifen ausführen. Für Unternehmen bildet dies ein immenses Potenzial. Ausgehend von der Steigerung der Effizienz durch eine Verringerung der Kosten sowie eine Zunahme der Qualität, hin zu einer Erhöhung oder gänzlich neuen Wertbeiträgen. In diesem Spannungsfeld wurde in dieser Dissertationsschrift der Einfluss von CVS auf Unternehmen und deren Wertbeiträge untersucht.

Die analytische Verarbeitung von Bilddaten, zusammengefasst unter dem Term Computer Vision, bildet ein enormes Potenzial für eine Vielzahl von Anwendungsfällen. Dank der Entwicklung leistungsstarker Algorithmen, im Speziellen im Bereich des Deep Learning sowie der Fortschritte im Bereich der Sensorik, der Hardware im Allgemeinen und der Netzwerkarchitekturen lassen sich eine große Anzahl an Anwendungen nutzenstiftend unterstützen. Diese Fortschritte ermöglichen es Unternehmen, CVS effektiver einzusetzen und von den Vorteilen zu profitieren. Daher ist die Untersuchung des Einflusses von CVS auf den Wertbeitrag zum jetzigen Zeitpunkt so bedeutsam. Die Zahl der Unternehmen,

---

Ergänzende Information Die elektronische Version dieses Kapitels enthält Zusatzmaterial, auf das über folgenden Link zugegriffen werden kann https://doi.org/10.1007/978-3-658-49915-0_6.

S. Trinks, *Der Einfluss von Computer Vision Systemen auf Unternehmen*, Schriften zur Business Analytics und zum Informationsmanagement,
https://doi.org/10.1007/978-3-658-49915-0_6

die Computer Vision Anwendungen implementiert haben oder darauf abzielen diese einzusetzen, steigt kontinuierlich. Das automatisierte Erlangen eines Bildverständnisses oder eines Objekts innerhalb eines Bildes stellt hierfür die Grundlage dar (Parihar, Nage und Dahane 2017, Shukla und Vala 2016). Neben der technischen Umsetzung ist es notwendig, die nötige IT-Infrastruktur und Netzwerkarchitektur zu implementieren, um mit CVS den Wertbeitrag positiv zu beeinflussen. Abhängig vom Anwendungsfall besteht der Bedarf, die aufgenommenen Bilddaten mittels einer möglichst geringen Latenz an den physischen Ort der Verarbeitung zu transferieren. Erst dann kann in vielen Fällen das gewonnene Verständnis von Objekten, Merkmalen oder Aktivitäten in einem Bild gewinnbringend Einsatz finden (Lopez-Fuentes, et al. 2018) und eine adäquate, möglichst automatisierte, Entscheidung und Reaktion auslösen. Die Bedeutung des beschriebenen Forschungsbereiches liegt darin, dass CVS einen erheblichen Einfluss auf den Wertbeitrag von Unternehmen nehmen kann. Um diesen positiven Einfluss innerhalb der Organisation erreichen zu können, gilt es, die Faktoren und Zusammenhänge zu verstehen. Nur so wird eine wertbeitragssteigernde Einführung von CVS reproduzierbar. Durch die Nutzung von Computer Vision wird es Unternehmen möglich ihre Effizienz zu steigern, indem sie komplexe visuelle Daten analysieren und Muster erkennen, die für die Lösung einzelner Aufgaben, ganzer Prozesse oder gar Geschäftsabläufe relevant sind. Diese Dissertationsschrift hat aus diesem Grund die Einflussfaktoren auf den Wertbeitrag im Spannungsfeld von CVS identifiziert und diskutiert. Die Erkenntnisse wurden in einem theoretischen Modell zusammengeführt und innerhalb der wissenschaftlichen Gemeinschaft diskutiert. Eine Übersicht über die wichtigsten gewonnenen Erkenntnisse der durchgeführten Forschung ist in Tabelle 6.1 dargestellt. Darin enthalten sind die identifizierten Haupt- und Teilziele, die Unternehmen mit der Einführung und dem Einsatz von CVS verfolgen. Weiterhin sind die Erkenntnisse hinsichtlich der vorhandenen Barrieren sowie die identifizierten Einflussfaktoren auf den Wertbeitrag in der Tabelle 6.1 aufgeführt. Die in der Tabelle in Klammern angegebenen Prozentwerte repräsentieren den jeweiligen Anteil der Antworten, die im Rahmen der durchgeführten quantitativen Studie dieser Ausprägung zugeordnet wurden.

Tabelle 6.1 Übersicht der wichtigsten Erkenntnisse der Forschungsarbeit

Bereich	Erkenntnis		
Ziele CVS Einführung	Hauptziele	• Kostenreduktion • Produkt – oder Servicequalität erhöhen	
	Teilziele	• Erhöhung Effizienz und Automatisierungsgrad • Latenzzeitreduzierung • Wertbeitragserhöhung	
Barrieren CVS Einführung	Investitionen	• 21 % gaben an, dass die Investitionen für das CVS in ihrem Unternehmen die Grenze von 250.000€ übersteigt. • 79 % hatten Investitionen oberhalb von 15.000€. • 43 % der Befragten gaben an, dass diese notwendigen Investitionen eine hohe oder sehr hohe Barriere darstellen.	
	Datenschutz	• Einhaltung des Datenschutzes muss Beachtung finden. • 53,84 % gaben an, dass die bestehenden Datenschutzrichtlinien das CVS stark oder sehr stark beeinträchtigen.	
Einflussfaktoren auf den Wertbeitrag (mit hohem oder sehr hohem Einfluss auf den Wertbeitrag)	Anwendungsbereiche	• Qualitätssicherung (15,2 %) • Defekterkennung (13,6 %) • Logistik (13,25 %) • Produktion (11,4 %) • Landwirtschaft (6,4 %) • Diagnostik (3,4 %) • Wartung (3 %)	• Navigation (4,2 %) • Verkehrssteuerung (1,5 %) • soziale Medien (9,8 %) • Autonomes Fahren (8,3 %) • Gepäckkontrolle (2,7 %)
	Analytische Methoden	• Ein sehr hoher Einfluss auf den Wertbeitrag entsteht, wenn CNN (34,6 %), Entscheidungsbäume (7,1 %) oder Random Forest (6,6 %) eingesetzt werden.	

(Fortsetzung)

Tabelle 6.1 (Fortsetzung)

Bereich	Erkenntnis	
	Technologien und Konzepte	• Ein hoher Einfluss auf den Wertbeitrag eines Unternehmens entsteht, wenn Edge- oder Cloud Computing Architekturen, In-Memory Datenbanken oder Streaming Technologien Einsatz finden. • 67,2 % der Antwortgeber setzen Edge- oder Cloud Computing Architekturen für das CVS ein.
	Unternehmensgröße	• Ein sehr hoher Einfluss auf den Wertbeitrag konnte bei einer Mitarbeiteranzahl unter 50 (34 %) identifiziert werden

	Latenzzeit	• Einen sehr hohen Einfluss auf den Wertbeitrag von Unternehmen entsteht durch Computer Vision Anwendungen, wenn diese in Echtzeit ausgeführt werden.
		• Anteil der Antworten zur Ausführungszeit des CVS:
		  • Echtzeit: 44,61 %,
		  • taktgebunden: 29,2 %,
		  • weniger zeitkritisch 15,4 %,
		  • zeitunabhängig: 10,8 %.

	Branchen	• Ein hoher Einfluss auf den Wertbeitrag besteht in der IT, Forschung und Entwicklung sowie der Wissenschaft. • Ein sehr hoher Einfluss besteht in der Metall- und Stahl- sowie der Lebensmittelindustrie bei Einsatz eines CVS. • Die Antworten entfielen auf 21 verschiedene Branchen.

Die Gesamtheit der Tabelle 6.1 zugrundliegenden Daten, die innerhalb der quantitativen Studie erhobenen wurden, sind in den Anhängen D.2.1 und D.2.2 im elektronischen Zusatzmaterial einzusehen. Die gewonnenen Erkenntnisse sowie die darauf basierend entwickelten Gestaltungsempfehlungen zur wertbeitragsbasierten Einführung von CVS stellen zum einen Anknüpfungspunkte für weitere Forschung dar. Zum anderen beinhalten diese Empfehlungen für Unternehmen in der Praxis. Es zeigte sich, dass bestehende Vorgehensmodelle für die Einführung von CVS nur bedingt geeignet sind. Die Automatisierung des Prozesses – vom Sehen über das Erkennen bis hin zur Entscheidung – erfordert eine ganzheitlichere Betrachtungsweise. Während Computer Vision selbst kein neues Konzept darstellt, haben sich in den letzten Jahren bedeutende Fortschritte ergeben, die neue Potenziale mit sich bringen. Die Anwendung von CVS eröffnet neue Möglichkeiten für Unternehmen, um ihren Wertbeitrag zu steigern und dadurch ihr Geschäftsmodell positiv zu beeinflussen. Die Integration erfordert häufig Transformationen in den bestehenden Geschäftsmodellen. Die im Rahmen dieser Dissertation entwickelten Gestaltungsempfehlungen helfen Unternehmen hierbei, CVS zielgerichtet im Hinblick auf den eigenen Wertbeitrag sowie das Geschäftsmodell einzuführen. Bei der Entwicklung der Gestaltungsempfehlungen wurden aus den gewonnenen Erkenntnissen sieben Aufgabenblöcke identifiziert und entwickelt. Diese in Abbildung 6.1 dargestellten Aufgabenblöcke können, wie in dieser Arbeit vorgeschlagen, beispielsweise in einem an das CRISP-DM-Modell angelehnten Ablauf durchlaufen werden (siehe Abbildung 4.22, S. 113). Alternativ können auch agile Methoden als Rahmen für die Bearbeitung der Aufgabenblöcke dienen.

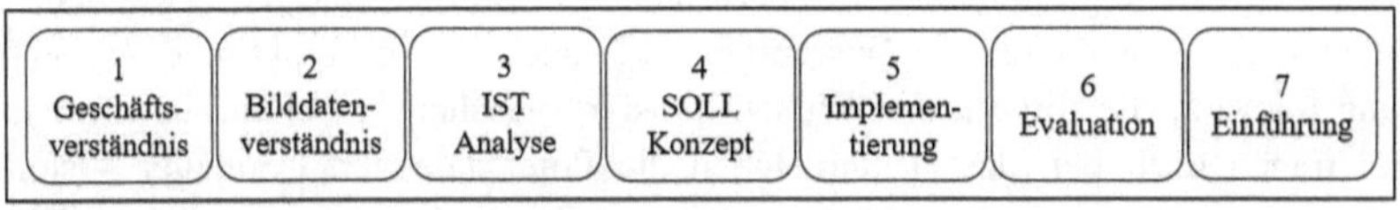

Abbildung 6.1 Gestaltungsempfehlung – Aufgabenblöcke einer CVS Einführung

Beginnend mit der Ermittlung des Geschäfts- sowie des Bildverständnisses, über die Ist-Analyse sowie die Soll-Konzeption hin zur Implementierung, Evaluation und Einführung enthalten die Unternehmen Empfehlungen, die eine ziel- und wertbeitragsorientierte Einführung eines CVS ermöglichen. Bestehende oder herkömmliche Vorgehensmodelle sind für die Spezifika von CVS in weiten Teilen zu unspezifisch oder unpassend. Dadurch füllen die im Rahmen dieser Arbeit entwickelten Gestaltungsempfehlungen eine vorhandene Lücke. Ebenso ermöglichen die Gestaltungsempfehlungen einen besseren Überblick über notwendige Investitionen, die die Einführung der CVS bedarf. Es werden die Perspektiven deutlich und zeigen auf, wie Unternehmen von Computer Vision profitieren können und welche Herausforderungen damit verbunden sind. Die gewonnenen Erkenntnisse spielen eine entscheidende Rolle, um Unternehmen bei der Ausarbeitung ihrer Strategien und Entscheidungsprozesse im Kontext von Computer Vision gezielt zu unterstützen. Dabei sind die Einblicke in den Einfluss von CVS nicht nur für die wissenschaftliche Forschung relevant, sondern auch von großem Interesse für Unternehmen in der Wirtschaft. Für diese bilden die gewonnenen Erkenntnisse eine Grundlage für weitere Forschung und Untersuchungen im Bereich der Computer Vision und ihrer Auswirkungen auf Unternehmen. So können Modelle, Konzepte und Ansätze weiterentwickelt werden, um die Integration von Computer Vision in Unternehmen voranzutreiben und die Potenziale auszuschöpfen. Andererseits sind die gewonnenen Erkenntnisse auch für die Praxis von Bedeutung. Unternehmen, die CVS einsetzen oder beabsichtigen, sie einzuführen, können von den Erkenntnissen profitieren, um ihre Strategien, Geschäftsmodelle und Entscheidungen zu verbessern. Sie können die Erfahrungen und Best Practices aus anderen Branchen und Unternehmen nutzen, um die Einführung von Computer Vision effektiv zu gestalten und mögliche Herausforderungen und Risiken zu bewältigen. Die Erkenntnisse können auch als Orientierungshilfe dienen, um den Wertbeitrag von Computer Vision in den Geschäftsprozessen zu maximieren und neue Geschäftsmöglichkeiten zu erschließen. Darüber hinaus können auch Technologieanbieter und Entwickler von Computer Vision Lösungen von den gewonnenen Erkenntnissen profitieren. Sie können ihre Produkte und Services besser auf die Bedürfnisse der Unternehmen zuschneiden und ihre Lösungen optimieren, um einen größeren Mehrwert zu bieten. In Summe sind die gewonnenen Erkenntnisse sowohl für die Wissenschaft als auch für die praktische Anwendung relevant. Sie fördern den Wissenstransfer zwischen Forschung und Praxis und tragen dazu bei, dass Unternehmen die Potenziale von Computer Vision besser verstehen und nutzen können, um ihre Geschäftsziele zu erreichen. Die Forschungsergebnisse zu den Auswirkungen von CVS auf Unternehmen führen zu einem tieferen Verständnis der Potenziale, Herausforderungen und Chancen, die mit dieser Technologie verbunden sind. Sie können beispielsweise Einblicke bieten, welche Einsatzgebiete am vielversprechendsten sind, wie die Integration in bestehende Geschäftsprozesse erfolgen kann und welche technischen, rechtlichen und ethischen Aspekte beachtet werden müssen. Unternehmen können die gewonnenen Erkenntnisse nutzen, um begründete Entscheidungen zu treffen und erfolgreich Computer Vision in ihre Unternehmensstrategie zu integrieren.

Gleichzeitig verdeutlichen die Erkenntnisse dieser Dissertationsschrift, dass Fragen zu Datenschutz, Ethik und Governance im Zusammenhang mit Computer Vision auch zukünftig intensiv diskutiert werden müssen.

Bei einer kritischen Reflexion der erzielten Forschungsergebnisse treten Einschränkungen und Limitierungen zutage, die einer näheren Erläuterung bedürfen. An erster Stelle sind hierbei die methodischen Limitierungen zu nennen. Die Ergebnisse der Mixed-Methods Forschung stellen die ermittelten Zusammenhänge logisch und schlüssig dar. Einschränkung bestehen jedoch in den qualitativen und quantitativen Datensammlungen, welche im Rahmen der Dissertationsschrift generiert wurden. Bei der Erhebung der qualitativen Daten stellte sich die Identifikation und Motivation von Experten aus dem Bereich von Computer Vision als Herausforderung dar. Bei einer Vielzahl der Experten besteht die Angst, einen Wissensvorsprung mit der Teilnahme an der Studie zu verlieren. Diese Furcht scheint bei kleineren und innovativeren Unternehmen in besonderem Maß ausgeprägt zu sein, was sich in der Verteilung der Teilnehmer widerspiegelt. Die generierte Ergebnismenge zeigt wahrscheinlich kein vollumfassendes Bild, liefert aber einen Überblick. Weiterhin konnte festgestellt werden, dass der Wertbeitrag in einigen Fällen nicht aktiv durch die Unternehmen, sondern eher indirekt beeinflusst wird. An dieser Stelle geraten die eingesetzten qualitativen und quantitativen Methoden an ihre Grenzen, so dass sich dieses Phänomen nicht ganzheitlich aufdecken ließ. Diese beiden beschriebenen Sachverhalte bedürfen weiterer Forschung mit einem anderen Blickwinkel und einer anderen wissenschaftlichen Methode, um den Blick auf das Problemfeld zu vergrößern. Hierfür könnte beispielsweise ein Action Design Research Ansatz in Unternehmen verschiedener Größen Einsatz finden. Das generierte Ergebnis basiert auf Daten zumeist größerer Unternehmen ohne Startup Charakter. Es ist wahrscheinlich, dass kleinere Unternehmen und Startups neue Geschäftsmodelle durch den CVS-Einsatz entstehen lassen, dies aber nicht aktiv in der Forschung preisgeben. Hier liegt demnach eine Limitierung der Arbeit vor, die gleichzeitig einen Startpunkt für weitere Forschung bilden kann. Bei der Erhebung quantitativer Daten, ist das Hemmnis einer Teilnahme für die CVS-Experten kleiner, jedoch auch nicht vollumfänglich eliminiert. Neben den Einschränkungen im Bereich der wissenschaftlichen Methodik stellt auch der rasante technologische Fortschritt im Bereich von Computer Vision eine Limitierung dar. Durch die Aktualität und relative Neuheit der Thematik Computer Vision, ist die Anzahl an Experten am Markt und damit auch der Teilnehmer an der Studie insgesamt eher gering. Zudem können technische Fortschritte innerhalb kürzester Zeit neue Herausforderungen für Unternehmen schaffen. Gleichzeitig können bestehende Herausforderungen durch Weiterentwicklungen verschwinden. Wodurch eine erneute wissenschaftlichen Betrachtung notwendig wird. Exemplarisch ist hierfür die Veröffentlichung des Dienstes Chat GPT zu nennen, welcher technologisch teilweise ähnliche Ansätze aus dem Bereich des Deep Learning nutzt wie CVS. Es lässt sich daher die Mutmaßung anstellen, dass auch dadurch weitläufige Veränderungen im Bereich von Computer Vision entstehen werden. Die gewonnenen Erkenntnisse beziehen sich auf den aktuellen Stand und bedürfen weiterer Untersuchungen sobald neue Technologien oder Konzepte einsatzfähig sind.

Eine weitere Limitierung ist durch die Komplexität und Vielschichtigkeit der Auswirkungen des CVS-Einsatzes gegeben. Die Effekte von CVS auf Unternehmen sind facettenreich und können in verschiedenen Dimensionen auftreten, darunter Wertschöpfung, Geschäftsmodell, Arbeitsabläufe oder Kundenerfahrungen. Es können aber auch ethische Fragen in den Blickpunkt rücken, welche innerhalb dieser Arbeit keine Berücksichtigung finden. Die Erforschung aller Aspekte und deren Wechselwirkungen zwischen den identifizierten Einflussfaktoren können weitere Dimensionen aufweisen, welche möglicherweise eine interdisziplinäre Herangehensweise erfordern. Aufgrund der Vielfalt der untersuchten Unternehmen, Branchen und Kontexte gestaltet sich die Generalisierung der Forschungsergebnisse sowie der Vergleich zwischen ihnen schwierig, was die Ableitung allgemeiner Schlussfolgerungen erschwert. Um dennoch ein generalisierbares Ergebnis aus den erzielten Erkenntnissen abzuleiten, wurde bewusst auf eine tiefere Detaillierung einzelner Bereiche verzichtet. Trotz dieser Limitierungen leistet die durchgeführte Forschung einen bedeutenden Beitrag zum Verständnis der Auswirkungen von Computer Vision auf Unternehmen. Durch die Berücksichtigung dieser Einschränkungen und eine kontinuierliche Weiterentwicklung kann das Verständnis des Potenzials von CVS schrittweise vertieft werden. Die vorliegende Arbeit dient somit als Ausgangspunkt, um die genannten Dimensionen zukünftig noch detaillierter und umfassender zu erforschen. Die durchgeführte Untersuchung legte den Fokus auf die Identifikation von Einflussfaktoren und Zusammenhängen, was in einem Überblick dieser mündete und damit ein Startpunkt für spezialisiertere und detailliertere Untersuchung einzelner Faktoren und Zusammenhänge ermöglicht.

Diese Forschungsarbeit schließt mit dem entwickelten theoretischen Modell sowie den abgeleiteten Gestaltungsempfehlungen eine bestehende Forschungslücke und bietet zugleich zahlreiche Anknüpfungspunkte für weiterführende Studien. Der Einfluss der Automatisierung von Prozessen – vom Sehen über das Erkennen bis hin zum Entscheiden – ist nicht mehr ausschließlich von Mitarbeitern abhängig. CVS können diese Prozesse gezielt unterstützen oder sogar vollständig automatisieren. Die damit verbundenen erheblichen Potenziale unterstreichen die Relevanz der durchgeführten Untersuchung und verdeutlichen zugleich die Notwendigkeit, die daraus resultierenden Anknüpfungspunkte in zukünftigen Forschungsarbeiten weiter zu analysieren. Ein solchen Anknüpfungspunkt stellt die Übertragung der durchgeführten Forschung in den Bereich der neueren und kleineren Unternehmen dar. Dieser ist innerhalb der gewonnenen Ergebnismenge limitiert und bedarf daher einer gesonderten Betrachtung mit einer passgenauen wissenschaftlichen Methode. Um ein präziseres Bild über einzelne Zusammenhänge und Faktoren zu erhalten und das Verständnis für die Zusammenhänge zu vertiefen, ist eine detaillierte Untersuchung der einzelnen Faktoren und deren Wechselwirkungen erforderlich. Insbesondere sollten vielschichtige Aspekte, wie der Einfluss des Datenschutzes auf den Wertbeitrag, umfassend analysiert werden. Eine solche tiefgehende Forschung erweitert die getätigte Analyse. Diese ermöglicht nicht nur eine differenzierte Betrachtung der relevanten Faktoren, sondern liefert auch wertvolle Erkenntnisse für die Weiterentwicklung wissenschaftlicher und praktischer Ansätze.

Auch der zunehmende Einfluss der künstlichen Intelligenz auf alle Arbeits- und Lebensbereiche wird in absehbarer Zeit zu erheblichen Veränderungen im betrachteten Themenfeld führen. Während die in dieser Arbeit analysierten Bildbearbeitungsschritte und Algorithmen größtenteils noch reproduzierbar und nachvollziehbar sind, ist zukünftig mit einem verstärkten Einsatz von Modellen und Methoden zu rechnen, die zunehmend den Charakter einer Black-Box aufweisen. Diese Entwicklung birgt nicht nur das Risiko einer verminderten Nachvollziehbarkeit und eines möglichen Kontrollverlusts, sondern bietet zugleich die Chance, Zeit und Ressourcen bei der Konzeption und Entwicklung von CVS einzusparen. Angesichts dieser dualen Herausforderungen und Potenziale erfordert dieser Einfluss eine gezielte und tiefgehende Untersuchung. Neben den kurzfristig eintretenden Effekten sind in diesem Kontext auch langfristige gesellschaftliche und ethische Fragestellungen zu untersuchen. Dies ist insbesondere bei der Verwendung und Analyse von Bilddaten von Bedeutung, da hier auch Persönlichkeitsrechte sowie die potenziellen Auswirkungen solcher Daten auf das gesellschaftliche und individuelle Leben berücksichtigt werden müssen. Die Frage, welche Konsequenzen es haben könnte, wenn Menschen nicht mehr in der Lage sind, die Funktionsweise und Entscheidungsprozesse von komplexen visuellen Systemen zu verstehen, ist hierbei wesentlich. Es gilt die Frage zu beantworten, wie Fehler in CVS zu identifizieren und zu korrigieren sind, wenn die zugrunde liegenden Mechanismen weder transparent noch für den Menschen verständlich sind.

Neben den gewonnenen Erkenntnissen zu den Zusammenhängen und Einflussfaktoren von CVS auf Unternehmen wurde in dieser Dissertationsschrift deutlich herausgearbeitet, dass eine fortgesetzte, interdisziplinäre Forschung erforderlich ist, um eine wertbeitragsorientierte und zugleich verantwortungsvolle Nutzung von Computer Vision Anwendungen im Unternehmenskontext zu ermöglichen. Der Einsatz von CVS wird und verändert bereits Unternehmen, deren Struktur, Aufbau und insbesondere den Wertbeitrag. Dennoch ist stets ein Abwägen, Planen und Konzipieren sowie ein verantwortungsvoller Umgang von Nöten, um ein Unternehmen durch den Einsatz von CVS zu bereichern.

Literaturverzeichnis

NVIDIA Corporation. NVIDIA DeepStream SDK. 2023. https://developer.nvidia.com/deepstream-sdk (Zugriff am 05.03.2023).

Albino, R. und Souza, C. A.: Information and Technology's role and digital transformation challenges: a systematic literature review. CONFIRM 2019 Proceedings. 2019.

Al-Debei, M. M. und Avison, D.: Developing a unified framework of the business model concept. European journal of information systems, 19(3), 2010. 359–376.

Alves, D. K.; Stoll, O. und West, S.: Contracts: "help wanted" to deliver advanced services. Competitive Advantage in the Digital Economy (CADE 2022). 2022.

Amazon Web Services Inc. Amazon Rekognition. 2023. https://aws.amazon.com/de/rekognition/ (Zugriff am 28.04.2023).

Apache Software Foundation. Apache Mxnet: A Flexible And Efficient Library For Deep Learning. 2022. https://mxnet.apache.org/versions/1.9.1/ (Zugriff am 28.04.2023).

Avdeeva, I.; Kulakova, L.;Krestov, V.; Mugutdinov, R. und Alpysbayev, K.: Change management strategy in the framework of digital transformation of economic system business models. Proceedings of the 3rd International Scientific Conference on Innovations in Digital Economy (SPBPU IDE '21). Association for Computing Machinery. New York, 2022.

Barney, J. B.: Gaining and sustaining competitive advantage. 1997. 22–42.

Becker, J.; Niehaves, B.; Olbrich, S. und Pfeiffer, D.: Forschungsmethodik einer Integrationsdisziplin – Eine Fortführung und Ergänzung zu Lutz Heinrichs „Beitrag zur Geschichte der Wirtschaftsinformatik" aus gestaltungsorientierter Perspektive. In: Wissenschaftstheorie und gestaltungsorientierte Wirtschaftsinformatik, von J. Becker, H. Krcmar and B. Niehaves, 1–22. Dordrecht, Heidelberg, London, New York: Springer, 2009.

Becker, J.; Holten, R.; Knackstedt, R. und Niehaves, B.: Epistemologische Positionierungen in der Wirtschaftsinformatik am Beispiel einer konsensorientierten Informationsmodellierung. In: Wissenschaftstheorie in Ökonomie und Wirtschaftsinformatik: Theoriebildung und -bewertung, Ontologien, Wissensmanagement. Springer-Verlag. 2013.

Becker, J.; Holten, R.; Knackstedt, R. und Niehaves, B.: Forschungsmethodische Positionierung in der Wirtschaftsinformatik: epistemologische, ontologische und linguistische Leitfragen. Arbeitsberichte des Instituts für Wirtschaftsinformatik, 93, 2003.

S. Trinks, *Der Einfluss von Computer Vision Systemen auf Unternehmen*, Schriften zur Business Analytics und zum Informationsmanagement,
https://doi.org/10.1007/978-3-658-49915-0

Bell, E.; Bryman A. und Harley, B.: Business research methods. Oxford university press, 2022.

Bhardwaj, S. und Kole, A.: Review and study of internet of things: It's the future. 2016 International Conference on Intelligent Control Power and Instrumentation (ICICPI), 2016. 47–50.

Birlutiu, A.; Burlacu, A.; Kadar, M. und Onita, D.: Defect Detection in Porcelain Industry based on Deep Learning Techniques. 2017 19th International Symposium on Symbolic and Numeric Algorithms for Scientific Computing (SYNASC). 2017.

Bockshecker, A., Ebner, K; Smolnik, S. und Baumöl, U.: Managing the Digital Transformation of Universities: Business Model Analysis and Design Principles. PACIS 2022 Proceedings. 2022. 278.

Brogt, T. und Strobel, G.: Service Systems In The Era Of The Internet Of Things: A Smart Service System Taxonomy. Proceedings of the 28th European Conference on Information Systems (ECIS), An Online AIS Conference. 2020.

Cambridge University Press. Cambridge Wörterbuch Business-Englisch. https://dictionary.cambridge.org/de/worterbuch/englisch/efficiency (Zugriff am 06.06.2023).

Camlek, V.: How to spot a real value proposition. Information Services & Use, 30(3–4), 2010. 119–123.

Cardoso, B.; Silva, S. und Ribeiro, J. und Costa, B.: Internet of Things Meets Computer Vision to Make an Intelligent Pest Monitoring Network. Applied Sciences, 12(18), 2022. 93–97.

Cooper, H. M.: Synthesizing Research: A Guide for Literature Reviews. Thousand Oaks: Sage Pubn, 1998.

Cooper, Harris M.: Organizing knowledge syntheses: A taxonomy of literature reviews. Knowledge in society, 1(1), 1988. 104–126.

Cornelsen Verlag GmbH: DUDEN. 2023. https://www.duden.de/rechtschreibung/Efficiency (Zugriff am 06.06.2023).

Dais, S.: Industrie 4.0–Anstoß, Vision, Vorgehen." In: Handbuch Industrie 4.0, Bd. 4, 261–277. Springer, 2017.

Dao, N. N.; Lee, Y.; Cho, S.; Kim, E.; Chung, K. S. und Keum, C.: Multi-tier multi-access edge computing: The role for the fourth industrial revolution. Information and Communication Technology Convergence (ICTC), 2017 International Conf. 2017.

Dehnert, M. und Bürkle, J.: A Configurational Analysis of Smart Product-Service Systems and Value Proposition Types in B2C Industries. IEEE 22nd Conference on Business Informatics (CBI). IEEE. 2020.

Dittmar, C.: Die nächste Evolutionsstufe von AIS: Big Data. In: Analytische Informationssysteme, von Gluchowski, P. und Chamoni, P., Berlin, Heidelberg: Springer Gabler, 2016.

Dlib Libraryauth. Dlib C++ Library. 2022. http://dlib.net (Zugriff am 28.04.2023).

Emam, A.: Intelligent drowsy eye detection using image mining. Information Systems Frontiers, 17(94), 2015. 947–960.

Ennouni, A.; Filali, Y.; Sabri, M. A. und Aara, A.: A review on image mining. Intelligent Systems and Computer Vision (ISCV). IEEE. 2017.

Erhardt, A.: Einführung in die digitale Bildverarbeitung. Vieweg+ Teubner, 2008.

Feess, E.; Lackes, R.; Siepermann, M.; Steven, M.; Thommen, J.-P. und Kamps, U.: Wirtschaftslexikon Gabler. Effizienz. https://wirtschaftslexikon.gabler.de/definition/effizienz-35160 (Zugriff am 07.05, 2023).

Felden, C.: Klassifikation, statistische Methoden. Enzyklopaedie der Wirtschaftsinformatik. Enzyklopaedie der Wirtschaftsinformatik. 2016. https://www.enzyklopaedie-der-wirtschaftsinformatik.de/wi-enzyklopaedie/lexikon/technologien-methoden/Statistik/Klassifikation/index.html/?searchterm=Klassifikation (Zugriff am 04.06.2020).

Feng, X.; Jiang, Y.; Yang, X.; Du, M. und Li., X.: Computer vision algorithms and hardware implementations: A survey. Integration, 69, 2019. 309–320.

Fizyr. Fizyr. 2023. https://fizyr.com/product/ (Zugriff am 28.04.2023).

Gabriel, R.; Gluchowski, P. und Pastwa A.: Data Warehouse & Data Mining. W3l GmbH, 2009.

GitHub Inc. darknet. 2023. https://github.com/pjreddie/darknet (Zugriff am 24.04.2023).

GitHub Inc. deep-vision-processing. 2023. https://github.com/cansik/deep-vision-processing (Zugriff am 23.04.2023).

GitHub Inc. Detectron. 2023. https://github.com/facebookresearch/Detectron (Zugriff am 28.04.2023).

GluonCV. GluonCV. 2021. https://cv.gluon.ai (Zugriff am 05.03.2023).

Goodhue, D. L. und Thomson, F. L.: Task-Technology Fit and Industrial Performance. MIS Quarterly, 10(2), 1995. 179–187.

Google Ireland Limited. Vision AI. 2023. https://cloud.google.com/vision/ (Zugriff am 27.04.2023).

Google LLC. Live ML anywhere. 2020. https://mediapipe.dev (Zugriff am 03.05.2023).

Hafezieh, N. und Eshraghian, F.: Adopting A 'Search' Lens In Exploration Of How Organisations Transform Digitally. ECIS 2022 Research Papers. 2022.

Hagengruber, R.: Ontologische Strukturen. Gegenwärtige Tendenzen und ihre Anwendung in der Wirtschaftsinformatik. In: Wissenschaftstheorie in Ökonomie und Wirtschaftsinformatik, von Frank, U. 417–431. Wiesbaden. Wirtschaftswissenschaft. Deutscher Universitätsverlag, 2013.

Hajishirzi, R.; Costa, C. J.; Aparicio, M.: The Impact of Technology and Change Management on Value Proposition Innovation: An Iranian Study. IEEE Transactions on Engineering Management, 2022.

Hamdi, A. A., Fouad, M. M., Sayed, M. S. und Hadhoud, M. M.: Patterned fabric defect detection system using near infrared imaging. 2017 Eghth International Conference on Intelligent Computing and Information iSystems (ICICIS). IEEE. 2017.

Heinrich, B.; Linke, P. und Glöckler, M.: Grundlagen zur Automatisierung. Wiesbaden: Springer Vieweg, 2022.

Hevner, A. und Chatterjee, S.: Design research in information systems: theory and practice. Springer Science & Business Media, 2010.

Hofmann, M. und Klinkenberg, R.: RapidMiner: Data mining use cases and business analytics applications. Boca Raton, CRC Press, 2014.

IBM. Watson Visual Recognition. 2018. https://www.ibm.com/se-en/cloud/watson-visual-recognition (Zugriff am 03.05.2023).

Jähne, B.; Massen, R.; Nickolay, B. und Scharfenberg, H.: Technische bildverarbeitung – maschinelles sehen. Springer-Verlag, 2013.

Jensen, A. B.: Do we need one business model definition? Journal of Business Models, 1(1), 2013.

Jodlbauer, H.: Geschäftsmodell. In: Geschäftsmodelle erarbeiten – Modell zur digitalen Transformation etablierter Unternehmen. Springer Gabler, Wiesbaden, 2020.

Jonker, J. und Faber, N.: The Value Proposition. In: Organizing for Sustainability – A Guide to Developing New Business Models, von Jonker, J. und Faber, N., 57–71. Springer Nature, 2021.

Kelle, U.: Mixed methods. In: Handbuch Methoden der empirischen Sozialforschung. Wiesbaden: Springer, 2014. 153–166.

Keras. Keras – Simple Flexible Powerful. https://keras.io (Zugriff am 05.05.2023).

Klinkenberg, R.; Schlunder, P.; Klapic, E. und Lacker, T.: Zukunftsweisende Informations- und Kommunikations-Technologien. In: Industrie 4.0 für die Praxis, 129–146. Wiesbaden: Springer Gabler, 2018.

Koppe, T., Schatz, J. und Hornung, T.: Herausforderungen und Potenziale von KI-gestützter visueller Inspektion in der Elektronikindustrie. In: Künstliche Intelligenz, von Buxmann, P. und Schmidt, H., 65–78. Berlin, Heidelberg: Springer Gabler, 2021.

Kornmeier, M. Wissenschaftstheorie und wissenschaftliches Arbeiten: eine Einführung für Wirtschaftswissenschaftler. Heidelberg: Springer-Verlag, 2007.

Kotilainen, K.; Saari, U. A.; Valta, J.; Mäkinen, S. J. und Kufeouglu, S.: Business model readiness of start-up driven energy innovations–an empirical review. 16th International Conference on the European Energy Market (EEM). IEEE. 2019.

Krcmar, H. Informationsmanagement. Berlin, Heidelberg: Springer Gabler, 2015.

Krizhevskky, A.; Sutskever, I. und Hinton G. E.: ImageNet classification with deep convolutional neural networks. International Conference on Neural Information Processing Systems. Lake Tahoe, Nevada, 2012.

Kuckartz, U.: Mixed methods: methodologie, Forschungsdesigns und Analyseverfahren. Springer-Verlag, 2014.

Kuckartz, U. und Rädiker, S.: Analyzing qualitative data with MAXQDA. Switzerland: Springer International Publishing, 2019.

Kühne, B. und Böhmann, T.: Formative evaluation of data-driven business models–the data insight generator. In: Proceedings of the 53rd Hawaii International Conference on System Sciences. 2020.

Kulkarni, R.; Kulkarni, S.; Dabhane, S.; Lele, N. und Paswan, R. S.: An Automated Computer Vision Based System for Bottle Cap Fitting Inspection. 2019 Twelfth International Conference on Contemporary Computing (IC3). IEEE. 2019.

Küpper, H. U.: Produktionsfunktionen. Wirtschaftswissenschaftliches Studium (WiSt), 3, 1976: 129–134.

Kusay-Merkle, U.: Agiles Projektmanagement im Berufsalltag – Für mittlere und kleine Projekte. Berlin, Heidelberg: Springer Gabler, 2021.

Lanning, M. J. und Michaels, E. G.: A business is a value delivery system. Staff paper, McKinsey & Company 41, 1988.

Laucka, A.; Andriukaitis, D.; Markevicius, V.; und Zilys, M.: Research of the Defects in PET Preform. 2016 21st International Conference on Methods and Models in Automation and Robotics (MMAR). IEEE. 2016.

Laudon, K. C.; Laudon, J. P. und Schoder, D.: Wirtschaftsinformatik – Eine Einführung. Pearson Deutschland GmbH, 2010.

Leso, B. H.; Cortimiglia, M. N. und ten Caten, C. S.: The Influence of Situational Involvement on Employees' Intrinsic Involvement During IS Development. Business & Information Systems Engineering, 64(3), 2022. 317–334.

Li, N., J. Chen, J. Zhao, G. Qian, L. Tan, and J. Lin. Business Model of Energy Big Data Service Based on Business Canvas Theory. IEEE 4th Conference on Energy Internet and Energy System Integration (EI2). IEEE. 2020.

Liaw, A. und Wiener M.: Classification and regression by randomForest. R News, 3(4), 2002. 18–22.

Lindner, D.: Forschungsdesigns der Wirtschaftsinformatik. Wiesbaden: Springer Gabler, 2020.

Lopez-Fuentes, L.; van de Weijer, J.; González-Hidalgo, M.; Skinnemoen, H. und. Bagdanov, A. D.: Review on computer vision techniques in emergency situations. Multimedia Tools and Applications, 77(13), 2018. 17069–17107.

Lugmair, N.; Ries, L.; Schymanietz, M.; Beckmann, M. und Roth, A.: Making Sense of the Sustainable Smart PSS Value Proposition. ICIS 2022 Proceedings. 2022.

Luo, Q.; Fang, X.; Liu, L.; Yang, C. und Sun,Y.: Automated Visual Defect Detection for Flat Steel Surface: A Survey. IEEE Transactions on Instrumentation and Measurement, 69(3), 2020. 626–644.

Ma, J.; Defect detection and recognition of bare PCB based on computer vision. 2017 36th Chinese Control Conference (CCC). IEEE. 2017.

Ma, Z. und Gong, J.: An automatic detection method of Mura defects for liquid crystal display. In: 2019 Chinese Control Conference (CCC). IEEE. 2019. 7722–7727.

MacDougall, R. D.; B. Scherrer und Don, S.: Development of a tool to aid the radio-logic technologist using augmented reality and computer vision. Pediatric radiology, 2018: 48, 141–145.

Madhala, P., Li, H. und Helander, N.: Understanding the Antecedents and Consequences of Data Analytics Capabilities: A Literature Review in IS field. PACIS 2021 Proceedings, 2021.

Marinakis, Y.; Walsh, S. T. und Harms, R.: Age Matters: How Generational Decision-Making Cohorts Affect Disruptive Technology New Product Development. IEEE Transactions on Engineering Management, 2021.

MathWorks Inc. Computer Vision Toolbox. 2023. https://de.mathworks.com/products/computer-vision.html (Zugriff am 03.05.2023).

Mazzone, D. M. Digital or death: digital transformation: the only choice for business to survive smash and conquer. Smashbox Consulting Inc, 2014.

Mealy, G. H.: Another look at data. Proceedings of the November 14–16, 1967, fall joint computer conference. 1967.

Meng, J.; Chen, X.; Gall, J.; Kim, C. S.; Liu, Z.; Piva, A. und Yuan, J.: The Future of Computer Vision. APSIPA Transactions on Signal and Information Processing, 11(1), 2022.

Mery, D. und Arteta, C.: Automatic defect recognition in x-ray testing using computer vision. 2017 IEEE winter conference on applications of computer vision (WACV). 2017. 1026–1035.

Mery, D.; Saavedra, D. und Prasad, M.: X-ray baggage inspection with computer vision: A survey. IEEE Access, 2020: 8, 145620–145633.

Merz, S. L.; und Siepmann, D.: Industrie 4.0–Vorgehensmodell für die Einführung. In: Einführung und Umsetzung von Industrie 4.0. Berlin, Heidelberg: Springer Gabler, 2016. 83–132.

Metelskaia, I.; Ignatyeva, O.; Denef, S. und Samsonowa, T.: A business model template for AI solutions. Proceedings of the International Conference on Intelligent Science and Technology, 2018: 35–41.

Microsoft Corporation. Objekterkennung mit schnellerer R-CNN. 2022. https://learn.microsoft.com/de-de/cognitive-toolkit/object-detection-using-faster-r-cnn (Zugriff am 28.04.2023).

Microsoft. The Microsoft Cognitive Toolkit. 2022. https://learn.microsoft.com/en-us/cognitive-toolkit/ (Zugriff am 05.03.2023).

Mocanu, B.; Tapu, R. und Zaharia, T.: When ultrasonic sensors and computer vision join forces for efficient obstacle detection and recognition. Sensors, 16(11), 2016. 1807.

Molling, G. und Klein, A. Z.: A Framework for IoT-based Products and Services Value Proposition. CONFIRM 2020 Proceedings. 29. 2020.

Molling, G. und Klein, A. Z.: Value proposition of IoT-based products and services: a framework proposal. Electron Markets 32, 2022. 899–926.

Moore, J.F.: Das Ende des Wettbewerbs. Führung und Strategie im Zeitalter unternehmerischer Ökosysteme. In: Das Summa Summarum des Management, von Boersch, C. und Elschen, R., 95–110. Wiesbaden: Gabler, 2007.

Ngan, H. Y.; Pang, G. K. und Yung, N. H.: Automated fabric defect detection—A review. Image and Vision Computing, 29(7), 2011. 442–458.

Nixon, Mark, und Alberto Aguado. Feature extraction and image processing for computer vision. Academic press, 2019.

Noesgaard, M. S.; Nielsen, J. A.; Jensen, T. B. und Mathiassen, L. Same but Different: Variations in Reactions to Digital Transformation Within an Organizational Field. Journal of the Association for Information Systems, 2023.

NVIDIA Corporation. NVIDIA TensorRT. 2023. https://developer.nvidia.com/tensorrt (Zugriff am 05.03.2023).

Omerovic, M.; Islam, N; und Buxmann, P.: Unlashing the Next Wave of Business Models in the Internet of Things Era: New Directions for a Research Agenda based on a Systematic Literature Review. Proceedings of the 53rd Hawaii International Conference on System Sciences. 2020.

OpenCV Team. OpenCV. 2023. https://opencv.org (Zugriff am 24.04.2023).

Osterwalder, A. und Pigneur, Y.: Business model generation: a handbook for visionaries, game changers, and challengers. John Wiley & Sons, 2010.

Osterwalder, A.; Pigneur, Y.; Oliveira; M. A. Y. und Ferreira, J. J. P.: Business Model Generation: A handbook for visionaries, game changers and challengers. African journal of business management, 5(6), 2011. 22–30.

Osterwalder, A.; Pigneur, Y.; Bernarda, G. und Smith, A.: Value proposition design: How to create products and services customers want. John Wiley & Sons, 2015.

Oswald, G.; Saueressig, T.; und Krcmar, H.: Digitale Transformation: Fallbeispiele und Branchenanalysen. Springer Nature, 2022.

Parihar, V. R.; Nage, R. S. und Dahane, A. S.: Image Analysis and Image Mining Techniques: A Review. Journal of Image Processing and Artificial Intelligence, 3(2,3), 2017.

Peres, R. S.; Rocha, A. D.; Coelho, A. und Oliveira, J. B.: A Highly Flexible, Distributed Data Analysis Framework for Industry 4.0 Manufacturing Systems. In: Service Orientation in Holonic and Multi-Agent Manufacturing. Cham: Springer, 2017. 373–381.

Porter, M. E.: Competitive strategy. The Free Press, 1980.

Porter, M. E.: Technology and competitive advantage. Journal of business strate-gy, 5(3), 1985. 60–78.

Pospiech, M., und C. Felden, C.: Big Data – A State-of-the-Art. AMCIS 2012 Proceedings. 2012.

Potter, M. E.: Competitive Advantage: Creating and Sustaining Superior Performance. 1985.

Preferred Infrastructure Inc.: Chainer – A Powerful, Flexible, and Intuitive Framework for Neural Networks. n.d. https://chainer.org (Zugriff am 28.04.2023).

Priese, L.: Computer Vision – Einführung in die Verarbeitung und Analyse digitale Bilder. Berling, Heidelberg: Springer Vieweg, 2015.

RapidMiner. RapidMiner Studio Manual. 2014. https://docs.rapidminer.com/downloads/RapidMiner-v6-user-manual.pdf (Zugriff am 02.08.2023).

Redmon, J.; und Farhadi, A.: YOLO9000: better, faster, stronger. Proceedings of the IEEE conference on computer vision and pattern recognition. 2017.

Reinecke, S.: Creating value propositions. Mark Rev St. Gallen, 23(1), 2006.

Runkler, T.A.: Information Mining: Methoden, Algorithmen und Anwendungen intelligenter Datenanalyse. Berlin Heidelberg: Springer, 2013.

Sa, J.; Gong, Y.; Shi, L.; Xu, J. und Li, H.: The determination of the circular boundary in quartz rods detection. 2017 4th International Conference on Systems and Informatics (ICSAI). IEEE. 2017.

Sakhare, K.; Kulkarni, A.; Kumbhakarn, M. und Kare, N.: Spectral and spatial domain approach for fabric defect detection and classification. 2015 international conference on industrial instrumentation and control (ICIC). IEEE. 2015.

Saloner, G.; Shepard, A. und Podolny, J.: Strategic Management. New York: John Wiley & Sons, 2001.

Schallmo, D. R.: Jetzt digital transformieren. Wiesbaden: Springer Fachmedien, 2016.

Schmidt, T., Mosiienko, A., Faber, R., Herzog, J. und Wolff, C.: Utilizing HTML-analysis and computer vision on a corpus of website screenshots to investigate design developments on the web." Proceedings of the Association for Information Science and Technology, 57(1), 2020. 392.

Schmitt, R. und Pfeifer, T.: Qualitätsmanagement: Strategien–Methoden–Techniken. Carl Hanser Verlag GmbH Co KG, 2015.

Schnieder, E.: Methoden der Automatisierung: Beschreibungsmittel, Modellkonzepte und Werkzeuge für Automatisierungssysteme. Springer-Verlag, 2013.

Schön, O.: Business model modularity–a way to gain strategic flexibility? Controlling & Management, 56(2), 2012. 73–78.

Schröer, C.; Kruse, F. und Gómez, J. M.: A systematic literature review on applying CRISP-DM process model. Procedia Computer Science 181, 2021. 526–534.

Schüritz, R. und Satzger, G.: Patterns of data-infused business model innovation. IEEE 18th Conference on Business Informatics (CBI). 2016.

Scikit-Image development team. Scikit-Image. 2023. https://scikit-image.org (Zugriff am 03.05.2023).

Setzke, D. S.; Rödel, T.; Böhm, M. und Krcmar, H.: Towards a conceptualization of capabilities for innovating business models in the Industrial Internet of Things. International Conference on Wirtschaftsinformatik. 2019.

Shukla, V. S. und Vala, J. A.: Survey on Image Mining, its Techniques and Application. International Journal of Computer Applications, 133(9), 2016. 12–15.

Siddike, M. A. K., Hidaka, K. und Kohda, Y.: Technology as actors in service systems. Proceedings of the 54th Hawaii International Conference on System Sciences. 2021.

Sight Machine, Inc. SimpleCV. 2023. http://simplecv.org (Zugriff am 4.3.2023).

Skålén, P.; Gummerus, J.; Von Koskull, C. und Magnusson, P.R.: Exploring value propositions and service innovation: a service-dominant logic study. Journal of the Academy of Marketing Science, 43(2), 2015. 137–158.

Teece, D. J.: Business models and dynamic capabilities. Long range planning, 51(1), 2018. 40–49.

Teece, D. J.: Business models, business strategy and innovation. Long range planning, 43(2–3), 2010. 172–194.

TensorFlow Developers. TensorFlow. 2023. https://doi.org/10.5281/zenodo.4724125 (Zugriff am 28.04.2023).

Thamer, H.; Weimer, D.; Kost, H. und Scholz-Reiter, B.: 3D-computer vision for automation of logistic processes. In: Efficiency and Innovation in Logistics, von Clausen, U.; ten Hompel, M. und Meier, J., Springer, Cham., 2014. 67–75.

The Linux Foundation. PyTorch logo 2.0 Now Available. 2023. https://pytorch.org (Zugriff am 05.03.2023).

Töpfer, A.: Erfolgreich Forschen: Ein Leitfaden für Bachelor-, Master-Studierende und Doktoranden. 3. Wiesbaden: Springer Gabler, 2012.

Tornatzky, L. G. und Fleischer, M.: The processes of technological innovation. Lexington, Lexington Books, 1990.

Trakulwaranont, D.; Cooharojananone, N.; Kruachottikul, P.; Pitak, P.; Gongsri, N. und Aitphawin, S.: Automobile Cluster Pointer Defect Detection System using Adaptive Intensity Adjustment. 2019 IEEE 6th International Conference on Industrial Engineering and Applications (ICIEA). IEEE. 2019.

Trinks, S.: A classification of Real Time Analytics methods – An Outlook for the use within the Smart Factory. Scientific Papers of Silesian University of Technology. Organization and Management Series. 2018.

Trinks, S.: A Differentiation Between the Concepts of Image Mining and Computer Vision. AMCIS. 2021.

Trinks, S.: Real Time Quality Assurance and Defect Detection in Industry 4.0. LWDA'21: Lernen, Wissen, Daten, Analysen, 2021.

Trinks, S.: The Impact of Computer Vision Systems on Value Proposition of Organizations. AMCIS. 2022.

Trinks, S. und Felden, C.: Edge Computing architectures to support Real Time Analytic applications – A State of the art within the application area of Smart Factory and Industry 4.0. IEEE International Conference on Big Data. Seattle, USA, 2018.

Trinks, S. und Felden, C.: Image Mining for Real Time Fault Detection within the Smart Factory. 2019 IEEE 21st Conference on Business Informatics (CBI). Moscow, 2019.

Trinks, S. und Felden, C.: Smart Factory – Konzeption und Prototyp zum Image Mining und zur Fehlererkennung in der Produktion. HMD, 56, 2019. 1017–1040, https://doi.org/https://doi.org/10.1365/s40702-019-00529-2.

Ullrich, S.: Wissenschaftstheoretische Grundlagen. In: Entscheidungsfindung, Umsetzung und Erfolgsmessung, von Ullrich, S., Gabler, 2011. 28–33.

Voulodimos, A.; Doulamis, N.; Doulamis, A. und Protopapadakis, E.: Deep Learning for Computer Vision: A Brief Review. Computational Intelligence and Neuroscience, 2018.

Wang, X.: Exploring the Digital Transformation Based on Big Data with Ubiquitous Internet of Everything. WHICEB 2020 Proceedings. 2020.

Weber, M.; Beutter, M.; Weking, J.; Boehm, M. und Krcmar, H.: AI Startup Business Models. Business & Information Systems Engineering, 64(1), 2022. 91–109.

Wessel, L.; Baiyere, A.; Ologeanu-Taddei, R.; Cha, J. und Jensen, T.B.: Unpacking the Difference Between Digital Transformation and IT-Enabled Organizational Transformation. Journal of the Association for Information Systems, 22(1), 2021.

Wirth, R. und Hipp, J.: CRISP-DM: Towards a standard process model for data mining. Proceedings of the 4th international conference on the practical applications of knowledge discovery and data mining. 2000. 29–39.

Wolf, V.: Understanding Smart Service Systems Transformation – A Socio-Technical Perspective. ECIS 2020 Research-in-Progress Papers. 30. 2020.

Yan, K.; Dong, Q.; Sun, T.; Zhang, M. und Zhang, S.: Weld Defect Detection based on Completed Local Ternary Patterns. Proceedings of the International Conference on Video and Image Processing. 2017.

Yangqing, J. und Shelhamer, E.: Caffe. https://caffe.berkeleyvision.org (Zugriff am 04.04.2023).

Yoo, H. J.: Deep convolution neural networks in computer vision: a review. IEIE Transactions on Smart Processing and Computing, 4(1), 2015. 35–43.

FSC
www.fsc.org
MIX
Papier | Fördert
gute Waldnutzung
FSC® C083411

Kolibri 360 GmbH
Ferdinand-Jühlke-Straße 7
99095 Erfurt, Deutschland
produktsicherheit@kolibri360.de